MASKE UND KOTHURN

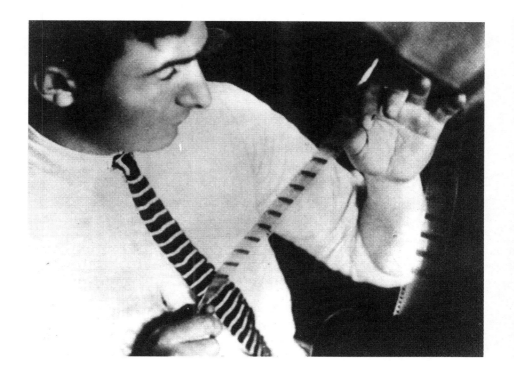

50. JAHRGANG   HEFT 1

MASKE UND KOTHURN

INTERNATIONALE BEITRÄGE ZUR THEATERWISSENSCHAFT

Der kreiselnde Kurbler

DZIGA VERTOV
zum 100. Geburtstag

Band 2

Vorträge & Gespräche

Wien, Jänner 1996

Eine Veranstaltung der New York University und der Universität Wien

Herausgegeben von

Klemens Gruber

mit Aki Beckmann

BÖHLAU VERLAG WIEN · KÖLN · WEIMAR

New York University

film museum wien

Wir danken dem Österreichischen
October/MIT Press, CINÉ-QUA-NON Amsterdam,
Thomas Tode, Gerhard Heller und Friedl Kubelka
für die freundliche Druckerlaubnis der Abbildungen.

Gedruckt mit der Unterstützung durch das
Bundesministerium für Bildung, Wissenschaft und Kultur

AU ISSN 0025-4606

MASKE UND KOTHURN
INTERNATIONALE BEITRÄGE ZUR THEATERWISSENSCHAFT

EIGENTÜMER UND HERAUSGEBER:
Institut für Theater-, Film- und Medienwissenschaft
an der Universität Wien (Wolfgang Greisenegger),
Redaktion dieses Heftes: Aki Beckmann und Klemens Gruber.
A-1010 Wien, Hofburg, Batthyanystiege.

© 2004 by Böhlau Verlag Ges. m. b. H. & Co. KG, Wien · Köln · Weimar
http://www.boehlau.at
Layout: Ulrike Dietmayer

Gedruckt auf umweltfreundlichem, chlor- und säurefreiem Papier

Druck: Berger, Horn

Inhalt

DZIGA VERTOV ZUM 100. GEBURTSTAG

INSTITUT FÜR THEATERWISSENSCHAFT Wien 1, Hofburg, Batthyanystiege **Sonntag, 14. Jänner 1996,**

mit **Annette Michelson** (New York), **Yurij Tsivian** (Riga), **Antonia Lant** (New York), **Jean-Louis Comolli** (P.

ÖSTERREICHISCHES FILMMUSEUM Wien 1, Albertina **8. bis 19. Jänner 1996 Retrospektive**

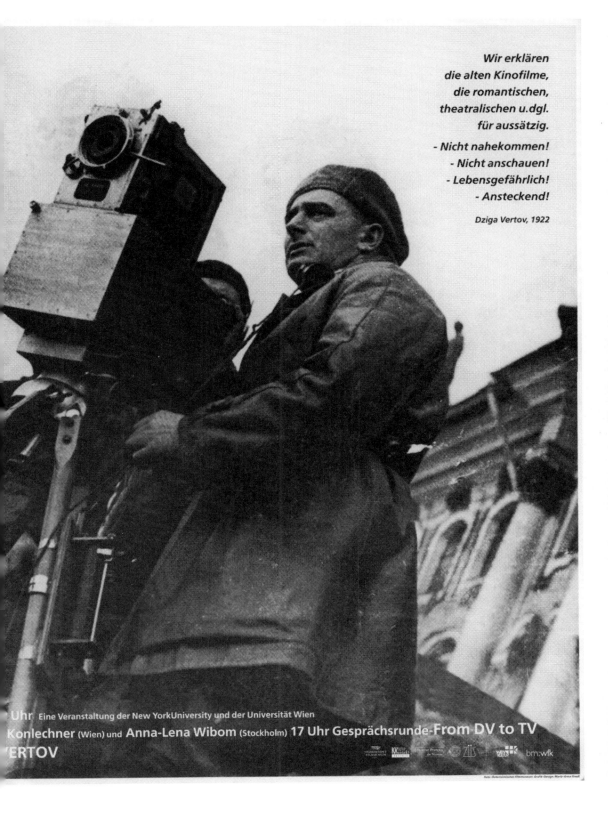

Wir erklären
die alten Kinofilme,
die romantischen,
theatralischen u.dgl.
für aussätzig.
- Nicht nahekommen!
- Nicht anschauen!
- Lebensgefährlich!
- Ansteckend!

Dziga Vertov, 1922

Uhr Eine Veranstaltung der New YorkUniversity und der Universität Wien
Konlechner (Wien) und Anna-Lena Wibom (Stockholm) 17 Uhr Gesprächsrunde-From DV to TV
'ERTOV

für Frieder Kern

Der kreiselnde Kurbler

Die Geschicke der Avantgarde überdauerten ihr Schicksal: ihre Liquidierung. Dass die Erfindungen der Avantgarde dieses Jahrhundert der Abstraktion, der Massenmedien und des Sports bestimmten, dass ihre Arsenale bis heute von der Unterhaltungsindustrie und der Werbebranche geplündert werden, dass Avantgardistisches zwar bonsaïsiert und fragmentarisiert, aber doch in alle Bereichen der Massenkultur sich infiltriert hat, ist offenkundig. So erfüllt sich ein Traum der Avantgarde – allerdings mit umgekehrten Vorzeichen: Weit entfernt von der Konstruktion möglicher Welten, abgeschnitten von der Zirkulation utopischer Entwürfe, eingemeindet in einfältige Expansion, verkommen die avantgardistischen Kreationen im Ersatzteillager des Normalltags. Dabei haben die Ingenieure – wie sich die Künstler der russischen Avantgarde Anfang der 1920er Jahre voll Stolz nannten – nicht nur den technischen Erfindungen ästhetische Verfahren abgewonnen, mit ihren theoretischen und praktischen Arbeiten sind sie über die gegebenen technischen Möglichkeiten weit hinausgegangen: „… und warten schon längst auf die *verspätete* technische Basis des Tonfilms und des Fernsehens" notiert Vertov 1929.[1]

In dieser Generation von Medien-Utopisten waren erstaunliche Vorstellungskräfte am Werk: von den intermedialen Experimenten der Futuristen bis zu den frühen Diskussionen über das Fernsehen Ende der 20er Jahre zeigt sich eine überraschende Prognosefertigkeit, eine verblüffende historische Intuition. Ein Bericht mag dies veranschaulichen: Wenn Rudolf Arnheim in der *Weltbühne* 1931 fast beiläufig erzählt: „Wertoff sagte mir neulich im Gespräch, daß ihm als Ideal eine Art plastischer Film vorschwebe, der nicht mehr in der flachen Projektionswand lokalisiert sei, sondern dessen Figuren ins Publikum hineinzulaufen schienen oder leibhaftig hineinliefen" – dann wissen wir heute, dass Vertov hier das Szenario virtueller Welten vorwegnahm; und Arnheim kommentiert: „Ein solcher Film würde uns noch schlechter vorbereitet finden, denn dieser Enthusiasmus hat als Voraussetzung den tätigen Enthusiasmus der Zuschauer!"[2]

Als wir – dies vor Augen – im Spätsommer 1995 auf einer Terrasse in Manhattan beschlossen, den 100. Geburtstag Dziga Vertovs zu feiern, blieb uns zwischen New York und Wien nur wenig Zeit, dieses Vorhaben in die Tat umzusetzen. Um Vertovs Aktualität zu fassen, erfand Annette Michelson den Titel „From DV to TV", der uns alle elektrisierte. Und am 14. Jänner 1996 fand dann am Institut für Theaterwissenschaft „in den ehrwürdigen Räumen der Wiener Hofburg" ein Fest zu Ehren Dziga

Vertovs statt: Vorträge in drei Sprachen, heftige Diskussionen, dazwischen Gedicht-
zeilen auf Russisch, lebhafte Atmosphäre.

Entstand der 1. Band zu Vertovs 100. Geburtstag (*Maske & Kothurn*, 42. Jg.,
Heft 1) in wenigen Wochen, so sind für diesen 2. einige Jahre verstrichen: sodass er
jetzt – zumal den Verfechtern des Dezimalsystems – auch zum Gedenken an den
50. Todestag Vertovs 1954 gelten mag. Beiden Bänden gemeinsam ist dieselbe Präzi-
sion einer Strickarbeit, dieselbe Beteiligung einer vielköpfigen Equipe, derselbe lange
Atem kollektiven Forschens.

Ich danke Alfred Ebenbauer, Wolfgang Greisenegger, Georg Winkler und Richard Mitten für die Unterstützung seitens der Universität Wien und ihres vormali-
gen Zentrums für Internationale und Interdisziplinäre Studien (ZIIS), Jay Oliva und
Duncan Rice von der NYU, Hubert Ch. Ehalt von der Stadt Wien, Herbert Tim-
mermann vom BmWFK, Sonia Rykiel Wien, Holger Reichert von ZONE Wien, sowie allen Mitarbeitern und Studenten des Instituts für Theater-, Film- und Medienwissenschaft, die am Gelingen des Vertov-Festes und dieser beiden Bände beteiligt
waren, insbesondere Edda Fuhrich, Anton Fuxjäger, Otto Mörth, Gini Müller, Birgit
Peter, Martin Rohlik und Ursi Wolschlager.

Mein Dank geht weiters an die ehemaligen Direktoren und Gründer des Österreichischen Filmmuseums Peter Konlechner und Peter Kubelka, Vertov als einen
ihrer Schätze gehütet und in jener Schule des Sehens in der Albertina immer wieder
gezeigt zu haben, für die gute Zusammenarbeit und die Realisierung der Vertov-Retro-
spektive in kürzester Zeit im Jänner 1996, an Edith Schlemmer, Brigitte Paulowitz
und Ingrid Müller sowie an die heutige Direktion unter Alexander Horwath für die
Bereitstellung vieler Abbildungen in diesem Band und für künftige Vertov-For-
schungs-Programme.

Dank gebührt auch der Wiener städtischen Werbegesellschaft Gewista, die uns
die Begleichung des „Schadens durch Wildanschlag" – die Strassen Wiens waren in
den Tagen der Konferenz Anfang 1996 tatsächlich voll von Vertov-Plakaten – in der
Höhe von ein paar Tausend Schilling freundlich erließ; und der Bäckerei Grimm, die
uns Sonntag morgens zum Eröffnungsfrühstück mit 240 köstlichen Butterkipferln
versorgte. Sie waren im Handumdrehen verzehrt.

Nicht zuletzt gilt mein Dank jener polyzephalen Formation, die über die Jahre
Gestalt gewechselt und in ihrem Enthusiasmus doch die gleiche geblieben ist:
Annette Michelson in New York als intellektuelles Triebwerk des Projekts, trans-
atlantisch ideenreich und unermüdlich Antonia Lant in New York/Wien, Werner
Rappl in Wien als Übersetzer in alle Richtungen, entscheidend Aki Beckmann,
Dominik Kamalzadeh und Michael Loebenstein im Hintergrund, Marianne Friedl
für das schönste Plakat, dazu Oksana Bulgakowa in Stanford/Berlin, die damals den
nächsten Nachtzug von Berlin nach Wien genommen hat, und Thomas Tode von
Sturzbachfilm Hamburg, der alle Manuskripte zu deren Vorteil durchgesehen hat, sowie natürlich Ulrike Dietmayer vom Böhlau Verlag, ohne die schon der 1. Band nicht
erschienen wäre.

Frieder Kern betreute mit *Text & Tor* von Frankfurt a. M. aus die PR-Abteilung der Vertov-Konferenz. Seinem Andenken sei dieser Band gewidmet. Von ihm stammt auch der treffliche Titel „Der kreiselnde Kurbler", eine gewissermaßen traumwandlerisch formsichere und wortwörtlichste Übersetzung des Namens Dziga Vertov, den David Abelewitsch Kaufman für sich ausgeheckt hat: Vertov von russ. *vertet'*, drehen, kurbeln; das ukrainische *dziga* bedeutet Kreisel, Libelle, lebhaftes Kind, Springginkerl eben; es heißt auch, daß Vertov damit das Geräusch der Spule am Schneidetisch oder des Projektors im Namen führen wollte, jenes wundervolle dddzzzgggdddzzzggg

Klemens Gruber
Wien, Herbst 2004

1   Dziga Vertov, *Schriften zum Film*, München: Hanser 1973, S. 81.
2   Rudolf Arnheim, „Die Russen spielen", *Die Weltbühne*, Nr. 39, 29. 9. 1931, S. 485 ff.; jetzt in: ders., *Kritiken und Aufsätze zum Film*, hrsg. v. Helmut H. Diederichs, München: Hanser 1977, S. 240; und in: *Maske und Kothurn*, 42. Jg. Heft 1, „*Dziga Vertov zum 100. Geburtstag*", S. 37.

Mein Film von Dsiga Wertoff

Wenn ich nach den Zeitungskritiken urteilen soll, hat mein Film „Der Mann mit der Kamera" in Berlin wenig Verständnis gefunden. „Der Mann mit der Kamera" ist eine Dissertation über das Thema: Die hundertprozentige Sprache des Kinos. Das Dokumentenmaterial dieses Films liegt auf drei Ebenen, die einander schneiden: 1. das „wirkliche Leben" auf der Leinwand, 2. das „wirkliche Leben" auf dem Filmstreifen, 3. das „wirkliche Leben" selbst.

Das bedeutet nicht, daß das ganze „wirkliche Leben" darin gezeigt wird. Nur einzelne Momente werden gezeigt. Die Auswahl dieser Momente ist einer Grundaufgabe untergeordnet: Ich will das Muster der Arbeit eines Kino-Operateurs geben, der aus dem Käfig des Ateliers in das Leben hinausgegangen ist. Auch wird „das wirkliche Leben" nicht vom Standpunkt des unbewaffneten Menschenauges gezeigt sondern vom Standpunkt aller technischen Möglichkeiten des mit einem Kinoapparat versehenen Auges. Und dies in bezug auf den Raum wie auf die Zeit.

„Der Mann mit der Kamera" will die Überwindung des Raumes. Er gibt die visuelle Verbindung zwischen verschiedenen, räumlich voneinander entfernten Lebenspunkten, auf Grund von unaufhörlichem Austausch sehbarer Tatsachen, der „Kino-Dokumente".

„Der Mann mit der Kamera" will die Überwindung der Zeit, die visuelle Verbindung zeitlich weit voneinander getrennten Erscheinungen. Er gibt die Möglichkeit, Lebensprozesse in einem beliebigen, dem menschlichen Auge verschlossenen Tempo des Zeitablaufs zu sehen.

„Der Mann mit der Kamera" verwendet alle dem Kinoapparat erreichbaren Aufnahmemittel, wobei Zeit-Raffer, Zeit-Lupe, Rücklauf-Aufnahme, Aufnahme vom bewegten Standpunkt aus, Aufnahmen unerwarteter Verkürzungen undsoweiter nicht als „Tricks" aufgefaßt sind, sondern als normale, breit anwendbare Aufnahme-Methoden.

„Der Mann mit der Kamera" verwendet alle erdenklichen Montage-Mittel. Er stellt alle möglichen Lebenssituationen einander gegenüber und verkuppelt sie...

Mein Film bedeutet also
Kampf zwischen gewöhnlichem Sehen und Kino-Sehen,
Kampf zwischen Real-Raum und Kino-Raum,
Kampf zwischen Real-Zeit und Kino-Zeit.

Ein Teil der berliner Presse hat den Film „Der Mann mit der Kamera" hauptsächlich deshalb mißverstanden, weil irgendjemand in die deutsche Bearbeitung den Titel hineingedichtet hatte: „Die Szene zeigt einen Tag in Kiew und in Moskau." Und selbstverständlich wurde nun der ganze Film im Lichte dieser absurden Aufschrift gesehen. Daraus erklären sich auch Fragen wie, warum die Handlung des Films am Tag ende, wo doch mittendrin Abend sei...

Auch sollte man daran denken, daß die zeitliche Reihenfolge der berliner Uraufführungen nicht dem historischen Ablauf entsprechen muß. Es ist nicht allgemein bekannt, daß „Der Mann mit der Kamera" 1926 und 1928, in zwei Varianten, gedreht worden ist. Ihm ging bereits voraus ein andrer „Kino-Auge"-Film, „Das überraschte Leben" (1923/1924), der auf der Internationalen Ausstellung in Paris einen Preis erhielt. Seit dem Jahre 1918 hat die Gruppe „Kino-Auge" mehr als hundert Versuche dokumentarischer Filme herausgebracht, die Leninfilme werden für Westeuropa noch eine große Sensation bedeuten. Über „Kino-Auge" gibt es bereits eine ganze Literatur von Büchern und Aufsätzen.

Nur bei gänzlicher Unkenntnis dieser Tatsachen kann es geschehen, daß in Deutschland der letzte Teil des „Kino-Auge"-Films „Das elfte Jahr" oder der fünfte Teil von „Zwenigora" ungestraft unter dem Titel „Im Schatten der Maschine" als die Arbeit eines Herrn Blum vorgeführt werden darf. Man wird noch nicht zum „Vorgänger Wertoffs", wenn man Teile seiner Arbeit unbefugt unterm eignen Namen herausbringt!

Aus: *Die Weltbühne*, 25. Jg., Nr. 30, 23. Juli 1929

Vertov bezieht sich gegen Ende auf die sogenannte „Affaire Blum", bei der es um die Wiederverwendung von Material aus Vertovs Filmen durch den Berliner Filmemacher Viktor Blum in deutschen politischen Kompilationsfilmen ging und von seiten Vertovs um die Frage des geistigen Eigentums; vgl. Thomas Tode, „Ein Russe projiziert in die Planetariumskuppel. Dsiga Wertows Reise nach Deutschland 1929", in: Oksana Bulgakowa (Hg.), *Die ungewöhnlichen Abenteuer des Dr. Mabuse im Land der Bolschewiki*, Berlin: Freunde der Deutschen Kinemathek 1995, S. 143 ff., sowie das Protokoll in: Dziga Vertov, *Tagebücher / Arbeitshefte*, hrsg. v. Thomas Tode und Alexandra Gramatke, Konstanz: UVK 2000, S. 25.

Dziga Vertov hält einen Vortrag über Kinoglaz, Moskauer Künstlertheater 1924

Vertov als Futurist oder Das Ohr gegen das Auge: *Enthusiasmus*

OKSANA BULGAKOWA

Wir beschreiben Vertov mit einem fertigen Satz von Kategorien, die wir ihm anpassen: Vertov als Konstruktivist oder Vertov als Stalinist. Seine Konzepte ‚Film-Auge‘, ‚Film-Wahrheit‘ (bekannter in der französischen Übersetzung „cinéma vérité"), oder ‚überrumpeltes Leben‘ werden immer wieder neu beschworen als etwas klar Definiertes. Dabei beinhalten seine Filme und seine Manifeste viele Widersprüche, was sie bis heute keineswegs klassisch, sondern brüchig und in diesem Sinne avantgardistisch wirken lässt.

Brüche prägten Vertovs Karriere von Anfang an. Sein erstes Manifest „Wir" (1922) etablierte ihn als den radikalsten Vertreter des Absoluten Films in Russland: Film wurde hier als „dynamische Geometrie", als „Verlauf von Punkten, Linien, Flächen, Volumen" verstanden.[1] Um die visionäre Bewegung der Punkte, Linien, Flächen, Volumen auf dem Papier festzuhalten, wird kein Szenarium im alten Sinne gebraucht, sondern „eine Film-Tonleiter", „graphische Zeichen zur Fixierung der Bewegung", da „Film die Kunst des Ausdenkens von Bewegungen der Gegenstände im Raum" ist.[2] Im Rahmen dieses Programms ist Vertovs Forderung – „vom trottenden Bürger über die Poesie der Maschine zum perfekten elektrischen Menschen"[3] – nur logisch: ein menschlicher Körper lässt sich schwer der geometrischen Form unterordnen, deshalb erklärt Vertov in „Wir", dass er zeitweilig den Menschen als Film-Objekt ausschließt, weil dieser seine eigene Bewegungen nicht lenken könne.[4] Das leichteste Objekt für diese Zwecke ist die Maschine, noch einfacher wäre ein Spiel abstrakter geometrischer Formen zu verwirklichen, die sich jedem Rhythmus beugen.

Die ersten Versuche mit dem abstrakten Film, wie Vertov ihn 1922 beschreibt, gehen auf das Jahr 1919 zurück (Eggeling, Ruttmann); öffentlich vorgeführt wurden sie 1921. Vertov hatte sie damals nicht sehen können (die ersten abstrakten Filme

---

1 Dziga Vertov, „My" (Wir), in: Vertov, *Stat'i. Dnevniki. Zamysly*, hrsg. v. S. Drobašenko, Moskau: Is-kusstvo 1966, S. 49. Im Weiteren werden nur noch die Seiten dieser Ausgabe angegeben; die Übersetzungen stammen von mir. Vertovs Texte sind auf Deutsch erschienen in: *Aufsätze, Tagebücher, Skizzen*. Zusammengestellt und eingeleitet von S. Drobaschenko, deutsche Redaktion Hermann Herlinghaus und Rolf Liebmann, Berlin: Institut für Filmwissenschaft an der Deutschen Hochschule für Filmkunst, 1967; sowie in: Wolfgang Klaue, Manfred Lichtenstein, *Sowjetischer Dokumentarfilm*, Berlin: Staatliches Filmarchiv der DDR 1967; eine Auswahl, herausgegeben von Wolfgang Beilenhoff, dann München: Hanser 1973.
2 Ebenda, S. 49.
3 Ebenda, S. 47.
4 Ebenda, S. 47.

brachte Ilja Ehrenburg in die Sowjetunion und zeigte sie im Januar 1923 der Moskauer Kunstszene), doch er konnte darüber lesen. Ein Aufsatz von Ludwig Hilberseimer über die Experimente von Richter und Eggeling war unter der Überschrift „Die dynamische Malerei" in demselben Heft von *Kino-Fot* veröffentlicht, das auch Vertovs „Wir" (eine Seite weiter) abdruckte.[5]

Die „dynamische Geometrie", das Programm seines ersten Manifests, konnte Vertov nicht praktisch erproben. Biographische Umstände haben, wie wir wissen, es anders gewollt: Dank der Protektion eines Freundes aus Kindertagen, Michail Kolcov, der Journalist bei der *Pravda* war, landete Vertov 1918 im neu gegründeten Komitee für Wochenschauen und musste hier aktuelle politische Ereignisse aufnehmen. Der Versuch, absolute Film-Sprache und gesellschaftlichen Auftrag zusammenzubringen, barg einen Widerspruch, und Vertovs Programm erlebte bei der praktischen Realisierung eine Korrektur. Die *Kinopravda*, so schrieb er 1922 über deren fünfte Ausgabe, „fesselt dem Regisseur Hände und Füße durch den Rahmen [...] Das Ablichten der politischen Ereignisse, Aufnahmen unter dem Druck der ökonomischen Umstände, berücksichtigen nicht die filmischen Qualitäten eines Sujets, das unweigerlich die Fixierung der statischen Momente – neben den dynamischen – nach sich zieht, was in der Poesie der Bewegung unzulässig ist."[6]

„Der Umsturz" (1923), Vertovs zweites Manifest, entwickelte den Begriff des „Film-Auges", der auf den ersten Blick Viktor Šklovskijs Theorie des „neuen Sehens" nahe stand, welche ihrerseits unter dem Einfluss der Poetik der russischer Futuristen gereift war. Es ist daher kein Zufall, dass das Manifest in der *Lef* erschien, der Zeitschrift einer Vereinigung ehemaliger Futuristen und Theoretikern der Formalen Schule, zu der auch Šklovskij gehörte. Vertovs „Film-Auge" sollte das Chaos der „visuellen Phänomene studieren, die den Raum füllen." Die „Filmaugen", die *Kinoki*, seine Kameraleute, filterten aus diesem Chaos ein System von Gesetzmäßigkeiten, das die Phänomene analysiert und organisiert.[7] Zum Material wurde jetzt nicht mehr die Geometrie von Punkten, Linien, Formen erklärt, sondern „das überrumpelte Leben". Es scheint, dass die absolute Zufälligkeit der Aufnahmen in einem krassen Widerspruch zur Determiniertheit des künstlerischen Willens steht (rhythmische Organisation der Bewegung in Raum und Zeit). Vertov betonte deshalb die Dialektik zwischen dem Zufälligen und dem Gesetzmäßigen als Grundlage seiner Arbeit: „Wir fertigen Systeme, kalkulierte Systeme solcher Zufälle und Ungesetzmäßigkeiten, die als solche nur erscheinen, welche die Phänomene analysieren und organisieren."[8] Doch es erwies sich als äußerst schwierig, die Zufälle und den formenden Willen zusammenzubringen, deshalb griff Vertov nicht oft auf das „überrumpelte Leben" als

---

5   L. Hilberseimer. „Dinamičeskaja živopis", *Kino-fot*, 1922, Nr. 1, S. 7 .

6   Vertov, „Pjatyj nomer *Kinopravdy*" (Die fünfte Ausgabe der *Kinopravda*), in: Vertov, *Stat'i* ..., a. a. O., S. 49.

7   „Kinoki. Perevorot" (Filmaugen. Umsturz), ebd., S. 53.

8   Ebenda.

Material zurück. Seine „Nichtspielfilme" (wie er das Genre bezeichnete) entwickelten sich als Filme „aufgenommener Gegenstände". Das Auskosten eines Gegenstandes verwandelt dessen Funktionalität in eine ästhetische Kategorie. Deshalb warf Boris Arvatov, ebenfalls Mitglied der „Lef" und Theoretiker der Produktionskunst, Vertov vor, dass dieser das Material ästhetisiere und fetischisiere: „Es wird einem beigebracht, den ‚echten Mužik'-Bauer wie einen ‚echten' Cézanne zu genießen".[9] Šklovskij bemerkte spitz: da die „überrumpelten Bürger" sich vor dem Filmapparat nicht ruhig verhalten können, müsste eigentlich dem ganzen Volk das Spielen vor der Kamera beigebracht werden, was ein kompliziertes Verfahren bedeutete, wie etwa „die Wand in Nägel zu schlagen".[10] Vielleicht war Šklovskijs Meinung ausschlaggebend dafür, dass man Vertovs Filme in den zwanziger Jahren allein nach zwei Kriterien abklopfte: nach dem Dokumentarcharakter[11] und nach den Verknüpfungstechniken, also der Montagelogik, die als Erzähllogik aufgefasst wurde.

Das Vertovsche Programm eines „Nichtspielfilms" bedeutete jedoch den Verzicht auf die mimetische Abbildung und verkündete die immanente Freiheit der Kamera, ihrer Perspektive und der Montage. Das lieferte den Anlass für ewige Missverständnisse, was wohl unter „kinopravda" zu verstehen sei. Denn oft wurde unterschlagen, dass es hier um die Wahrheit des *Films*, des Mediums, geht und um nichts anderes. Die Haupteigenschaften des Film-Auges waren durch eine einfache Negation bestimmt: es sieht das, was das Auge nicht sieht, was der menschlichen Wahrnehmung verschlossen bleibt. Das bedeutet: Was wir in Vertovs Filmen sehen, ist ein mediales Bild, keine Imitation der menschlichen Wahrnehmung, keine illusionistische Abbildung des „überrumpelten Lebens, wie es ist". Diese Tatsache hat Vertov in mehreren Filmen akzentuiert. Die Realität auf der Leinwand wird konstituiert aus der Wechselwirkung zwischen diesem *medialen* (teleskopischen, mikroskopischen, filmischen etc.) Sehen, das in Vertovs Verständnis mit den Operationen der Analyse und Erkenntnis verbunden ist,[12] und den spezifischen Verbindungen unter den Segmenten des Gesehenen. Der Regisseur konnte dabei die Geschwindigkeit, Zeit, Raum und Kausalität frei manipulieren. Die eigenwilligen Verbindungen, die er in der Montage etablierte, stützen sich nicht auf Prosa-Regeln, wie Vertov meinte, sondern auf poetische, das heißt auch auf eine *mediale*, sprachliche Eigengesetzlichkeit, auf ‚zaum',

---

9 Boris Arvatov, „Kinoplatforma" (Filmplattform), in: *Novyj lef* 3/1928, S. 35.

10 Viktor Šklovskij, „Kuda šagajet Dziga Vertov?" (Wohin schreitet Dziga Vertov?, 1926), in: *Za 60 let* (In 60 Jahren), Moskau: Iskusstvo, 1985, S. 78.

11 Šklovskij meinte, Vertov bringe das Dokumentarmaterial um seinen Dokumentarcharakter (und würde somit sein eigenes Programm nicht erfüllen), da das Material nicht dokumentarisch motiviert eingeführt und an einen bestimmten Ort und Zeitpunkt gebunden sei (man sollte nicht eine Fabrik allgemein, sondern die Manufaktur „Trechgornaja" am 5. August 1919 zeigen, bis hin zur Authentizität der Registriernummer einer Dampflokomotive, die im Bild erscheine). – Šklovskij, a. a. O., S. 79.

12 Die oft zitierte Formulierung Vertovs von der kommunistischen Dechiffrierung der Welt, die mit diesem Konzept des Sehens verbunden ist, bedeutet deshalb mehr als die direkte Umsetzung einer Losung in propagandistische Zwischentitel.

wie es die russischen Futuristen nannten (von denen Vertov in seiner Jugend stark beeinflusst war). Dies kann als eine die Vernunft überschreitende, transrationale Sprache übersetzt werden, die mit Scheinbedeutungen arbeitet, mit einem semantischen Feld, das die Laute und Bilder umgibt. Diese Spaltung – zwischen epistemologischem und analytischem Verständnis des Sehens und transrationalen Verbindungen – reproduziert denselben Bruch, der Vertovs Biographie (zwischen dem angestrebten absoluten Film und der geforderten Chronik der politischen Ereignisse) und die Interpretation seines Begriffs „Film-Wahrheit" (zwischen dem wörtlichen und dem medialen Verständnis) beinhaltet.[13]

„Vertovs ganze Arbeit zielte auf die Erforschung des rhythmischen Aspekts der Montage, wie man heute leicht sehen kann", schrieb Pudovkin 1932. „Genauso wie Kulešov arbeitete er an räumlichen Kompositionen und säuberte die äußere Bewegungsform sorgfältig von allen Einflüssen und Beimischungen, die sie weniger exakt, weniger prägnant machen können. Vertov wehrte alles strikt ab, was ihn dabei hätte einengen oder stören können, eine beliebige Einstellung auf die von ihm gewünschte Länge zu schneiden. Hätte er sich, wie Kulešov, mit der Organisation der Bewegung innerhalb einer Einstellung beschäftigt, so wäre er widerwillig gezwungen gewesen, die Dauer einer Einstellung im Montageprozess einem bereits vorher organisierten Gehalt unterzuordnen. Man hätte also die Länge einer Einstellung gleichsam bei der Niederschrift des Szenariums motivieren müssen. Doch da es bis zur Zeit Vertovs noch keinerlei echte Experimente zu Möglichkeiten, Einstellungen verschiedener Länge miteinander zu verbinden, gegeben hatte, konnte er auch nichts im voraus berechnen. Um seine Experimente zu unterschiedlichen rhythmischen Kompositionen aus verschiedenen Einstellungen vorantreiben zu können, brauchte er ein Material, das er beliebig mit der Schere bearbeiten konnte. Das dafür geeignete Material war ‚das Leben, wie es ist', also zufällige Einstellungen, deren Gegenstand verschiedene Menschen an verschiedenen Orten waren. In hohem Maße erwiesen sich gleichförmige, wiederholbare Prozesse, die Arbeit von Menschen, die Arbeit von Maschinen, die Bewegungen von Massen und so weiter als ein solches Material. Solche Einstellungen lassen sich beliebig schneiden. Ein beliebiger Ausschnitt wird den gleichen Inhalt hervorbringen, und die Dauer dieses Ausschnitts wird lediglich auf die rhythmische Konstruktion des Films Einfluss haben. Es ist kein Zufall, dass die ersten er-

---

13 Schon die Theoretiker der 20er Jahre stießen auf diese Problematik, die bis heute diskutiert wird. Lucy Fisher deutete Vertovs Filmprogramm als „scientific endeavor" und die Film-Wahrheit als eine Kombination von Wissenschaft mit Film („Enthusiasm: From Kino-Eye to Radio-Eye", in: *Film Quarterly* 2, Vol. 31, Winter 1977/78, S. 25–34). Annette Michelson definierte Vertov in ihrem Essays als einen Epistemologen („From Magician to Epistemologist: The Man With the Movie Camera", *Artforum*, Vol. X, Nr. 7, march 1972, S. 60–72; jetzt in: *Maske und Kothurn*, 42. Jg., Heft 1, 1996, „Dziga Vertov zum 100. Geburtstag", S. 54–74). Gilles Deleuze schrieb die übermenschlichen Fähigkeiten des Filmauges in sein Konzept der Unterscheidung zwischen der natürlichen und der kinematografischen Wahrnehmung (*L'image-movement*, Paris, 1983), und Jean Louis Comolli deutete seine Praxis als eine proto-situationistische (siehe seinen Text in diesem Band).

folgreichen Experimente Vertovs mit der Montage von Maschinen zusammenhingen. Die Maschinen lieferten mit ihrem unveränderten periodischen Lauf das ideale Material für eine rhythmische Montage. Es ist völlig absurd, Vertov als einen ‚Dokumentaristen' zu bezeichnen. Das Dokumentarische erfordert einen sehr einfachen und sehr behutsamen Umgang mit dokumentarisch gedrehtem Material."[14]

Die Verantwortlichen begriffen seine eigenartige Komposition oft als ein sinnloses Sammelsurium miteinander durch nichts verbundener Bilder.[15] Eisenstein meinte, Vertov sei perfekt, was die rein formelle Verflechtung der Bilder angeht, doch könne er damit keine ideologische Aussage vermitteln, die den Zuschauer beeindruckt.[16] Während Eisensteins Filme als „intellektuelle" angesehen wurden, so galten Vertovs im Vergleich dazu eben als ‚zaumnye', transrational, oft asemantisch.

Die Formalisten, Šklovskij und Osip Brik, kritisieren seine Verfahren zur Verknüpfung des Materials: Parallelismus, Refrain, Kontrast, Amplifikation, künstlich geschaffene („falsche") Kausalfolgen, Erweiterung der Semantik des Bildes durch die Schrift des Zwischentitels (nicht ein Tanzabend, sondern „die Bourgeoisie" an sich, nicht die Manufaktur „Trechgornaja", sondern „die Fabrik" an sich), obwohl die Schrift und das Bild verschiedene Semantiken in sich tragen.[17] „Der Mensch, der auf breiten Skiern in die verschneite Ferne davon gleitet, wird zum Symbol der schwindenden Vergangenheit. Der Gegenstand verlor seine Materialität und wurde transparent, wie ein Werk der Symbolisten."[18] Šklovskijs Urteil (in seinem Buch über die führenden Regisseure des sowjetischen Films *Ihre Gegenwart* von 1927) war vernichtend: Vertov sei kein Konstruktivist, seine Arbeit keine Konstruktion, sondern Kunst (Symbolismus), und diese Kunst bringe lediglich „rote Verse mit Filmreimen" hervor, agitatorisch und arm.[19] Auf diese Kritik reagierte Vertov gekränkt: Am 6. März 1927 schrieb er in sein Tagebuch: „Muss ich das dem glatzköpfigen Heuchler

---

14 V. Pudovkin, *Sobranie soǎinenij v 3 tomach* (Werke in 3 Bänden), Moskau: Iskusstvo, tom 1, 1974, S. 145.

15 Vgl. die Polemik um *Die Donbass-Symphonie*, vgl. unten S. 26 f.

16 Vertov war in Eisensteins Auslegung ein purer Impressionist, der „l'art pour l'art" produziert, vgl. „Zur Frage eines materialistischen Zugangs zur Form" (1925), in: S. Eisenstein, *Schriften*, hrsg. von Hans-Joachim Schlegel, München: Hanser, 1974, Band 1, S. 234–235.

17 Osip Brik, „Odinnadzatyj" (*Das elfte Jahr*), in: *Novyj Lef*, 1928, Nr. 4, S. 32, dt. in: *Kunst und Literatur*, 35. Jahrgang, Sept.–Okt. 1987, Heft 5, S. 640. Aleksandr Kurs bemerkte in seinem Buch *Samoe moguščestvennoe* den Gegensatz, den Vertovs Filme produzieren, da ihre politischen, didaktischen Zwischentiteln und die dokumentaren, schockartigen Bilder und Bilderverknüpfungen an zwei Lesarten appellieren, der logischen (kognitiven) und der emotionalen, die man nicht bereit ist, sofort zusammenzubringen (vgl. Moskau: Kinopečat, 1927, S. 53 ff.). Über die Auseinandersetzung zwischen den Formalisten, Lef und Vertov, vgl. meine Aufsätze „Vertov oder von der Erfindung des Films zum zweiten Mal", in: *Apparatur und Rhapsodie. Zu den Filmen von Dziga Vertov*, hrsg. Jurij Murasov, Natascha Drubek-Meier, Frankfurt: Lang, 1999, S. 103–118; „Lef i kino", in: *Kinovedčeskie zapiski*, Moskau, 1994, Nr. 18, S. 165–197.

18 *Za 60 let*, a. a. O., S. 359.

19 Ebda., S. 360.

beweisen?"[20] Doch weder Šklovskij noch Brik haben je die Verbindungen der Vertov-schen Montage an anderen Kriterien als denen des verbalen Parallelismus gemessen, sie blieben zu sehr der Schrift verfallen, ohne auf Bilderverknüpfungen zu achten.[21]

Vertovs Montageverknüpfungen wurden mit der Zeit immer komplizierter. Er hat es vermocht, seine fast an den taktilen Sinn appellierenden Filmbilder durch einen vielfältig gestalteten Rhythmus miteinander zu verbinden. Dabei waren nicht nur die metrischen Eigenschaften der immer kürzer werdenden Einstellungen von Bedeutung, sondern auch der visuelle Rhythmus, wie er aus den wechselnden kur-venartigen und eckigen Formen und der Licht-Dunkel-Schwankungen entstand. In *Enthusiasmus (Donbass-Symphonie)* kamen zu der Verflechtung der Bilder Töne und gestalteten die Verbindungen noch komplexer. Die Struktur des Films folgte einer musikalischen Form (der narrativen Programm-Musik) mit deren Grundprinzipien Wiederholung, Variation, Kontrast und Kontrapunkt visueller und akustischer Leit-motive.

Die Strategie

Enthusiasmus entstand gleich nach dem *Mann mit der Kamera*, einem „praktischen und theoretischen Manifest"[22] der absoluten Filmsprache. Er war Vertovs erster Ton-film und ein strategisches Unternehmen zugleich: Vertov musste beweisen, dass der Film durch die Tonkamera und die Fesselung an das Mikrofon seine dynamischen Fähigkeiten nicht einbüßt und dass man Originalgeräusche aufnehmen kann – ent-gegen der These, Originalgeräusche seien nicht „phonogen", und man könne den Ton nur im Atelier aufnehmen bzw. Geräusche nur künstlich herstellen, wie der da-mals einflussreiche Theoretiker Ipollit Sokolov behauptete.[23] *Enthusiasmus* war der erste Film, der nicht von Vertovs Bruder Michail Kaufman gedreht wurde. Nach ihrem Zerwürfnis versuchte dieser sich als Regisseur zu etablieren und beendete im Sommer 1929, als Vertov gerade den Drehstab für *Enthusiasmus* zusammenstellte und die ersten Aufnahmen machte, seinen Film: *Im Frühling. Enthusiasmus* wurde von Boris Ceitlin gedreht, Kaufmans Assistenten beim *Elften Jahr*. Der visuelle Bruch wird deshalb nicht so krass empfunden, weil *Enthusiasmus* an denselben Or-

---

20 Diese Korrektur der anders edierten Tagebucheintragung führt Juri Civjan ein, in: *Iskusstwo kino* 1988, Nr. 1, S. 80.

21 Eine neue Analyse der Vertovschen Verknüpfungstechniken boten Jurij Tsivian für *Der Mann mit der Kamera* (dt. in: *Apparatur und Rhapsodie*, a. a. O., S. 119–146) und François Albera für *Ein Sechstel der Erde*, in: *Vertov: l'invention du réel: actes du colloque de Metz*, sous la direction de Jean-Pierre Esquenazi, Paris: L'Harmattan, 1997, S. 13–38.

22 Vertov, „Čelovek s kinoapparatom" (Der Mann mit der Kamera), in: Vertov, *Stat'i*, a. a. O., S. 106.

23 Vgl. I. Sokolov, „Vozmožnosti zvukovogo kino"(Möglichkeiten des Tonfilms), *Kino*, 1929, Nr. 45. Die Diskussion um die „Phonogenie" (analog zu Photogenie) wurde 1929 massiv in der sowjetischen Filmpresse betrieben und Sokolov machte die Zeitschrift *Kino i žizn* zu dessen Organ.

ten im Donbass gefilmt wurde (in den Schächten und Stahlwerken von Gorlovka, Makeevka und Lisičansk), wo Kaufman *Das elfte Jahr* gedreht hatte. Ceitlin konnte auf einige bereits gefundene Kompositionen zurückgreifen und sie reproduzierten.

Vertov positionierte seinen Film nicht nur in Abgrenzung zu Sokolovs Behauptung, sondern auch in Abgrenzung zu Eisenstein, Pudovkin und Grigorij Aleksandrov, die in ihrem Ton-Manifest vom Juni 1928 als eine einzige mögliche Form des Toneinsatzes die prinzipielle Asynchronität zwischen Bild und Ton postulierten.[24] Vertov polemisierte gegen diese Ansichten in dem Artikel „Der März des Radio-Auges" und in einem Interview, das in der Zeitschrift *Kinofront* erscheinen sollte (zu diesem Zeitpunkt allerdings hatte er gerade mal die ersten Experimente mit Tonaufnahmen durchgeführt und noch keine Erfahrung mit Synchronaufnahmen oder dem Bild-Ton-Schnitt sammeln können!): „Für Spiel- und Nichtspielfilme ist die Übereinstimmung des Gehörten und des Gesehenen genauso wenig von prinzipieller Bedeutung wie ihre Nichtübereinstimmung."[25] Er meinte, dass Bilder und Töne jegliche Verbindungen in der Montage eingehen könnten, dass Tonbilder wie stumme Bilder geschnitten werden sollten und dass es absurd wäre, Filme nach den Kategorien Sprach- und Geräuschfilme zu unterscheiden. Allein die alte Differenzierung zwischen Spielfilm und Nichtspielfilm bleibe für ihn wichtig, d. h. die dokumentarisch aufgenommenen und nicht artifiziell produzierten Töne. Doch bei aller Polemik mit Eisenstein zeugte die Arbeit mit Ton und Bild, die Vertov praktisch erprobte und Eisenstein in seinen Notizen zum Vertonungsplan der *Generallinie* theoretisch konzipierte, von mehr Gemeinsamkeiten, als Vertov es zulassen wollte, doch darüber später.

Vertov hatte bewiesen, dass man Originalgeräusche aufnehmen kann, und sein Tonfilm hatte die Dynamik beibehalten, aber die theoretische Emphase war in gewisser Weise auch ein Missverständnis, denn die Bild- und Tonaufnahmen waren zum Teil separat durchgeführt worden. Von Ende September bis Anfang November 1929 drehte er im Donbass ohne Ton. In dieser Zeit entstanden die Aufnahmen der Umwandlung einer Kirche in einen Arbeiterklub (an drei verschiedenen Orten).[26] Von Ende November bis Ende Dezember arbeitete Vertov zusammen mit dem Komponisten Nikolaj Timofeev an einer Musik- und Geräuschpartitur für diese Episode.

---

24 „Die Zukunft des Tonfilms", in: S. Eisenstein, *Das dynamische Quadrat. Schriften zum Film*, hrsg. und übersetzt von O. Bulgakova und Dietmar Hochmuth, Leipzig: Reclam 1988, S. 154–156.

25 Vertov, „Mart radioglaza" (März des Radio-Auges), *Kino i žizn*, Nr. 20,1930; Vertov, „Otvety na voprosy" (Antworten auf Fragen [der Redaktion *Kinofront*], 25. April 1930), in: Vertov, *Stat'i*, a. a. O., S. 124.

26 Elizaveta Svilovas Drehtagebuch, aufbewahrt in RGALI (fond 2091, opis 2, edinica chranenija 414) gibt einen Aufschluss darüber, wo, was und wie lange gedreht wurde: am 21. Oktober wurde drei Stunden lang das Entfernen der Ikonen aus der Kirche von Enakievo gefilmt; die Verwandlung der Kirche in einen Klub wurde am 30. und 31. Oktober in Artemovsk gedreht (auch die Bilder der Engel, Kreuze und roten Fahnen sowie die Karnevalprozession); die Reaktionen der Menge auf das Entfernen der Ikonen wurden in Lisičansk am 9. November aufgenommen.

Im Januar 1930 filmte er (laut Svilovas Drehtagebuch) in Leningrad einen Kinosaal und die Isaak-Kathedrale. Anfang März machte er einen „Schnellkurs" für Tonaufnahmen im Leningrader Laboratorium von Aleksandr Šorin, der für ihn eine spezielle tragbare Apparatur entwickelt hatte.[27] Mit ihr konnte Vertov im März/April die ersten Tonaufnahmen in Leningrad durchführen: industrielle Geräusche im Hafen, auf den Straßen, auf dem Bahnhof, die Ostermesse, die Mai-Demonstration. Vertov hatte die Apparatur, die für Atelieraufnahmen geschaffen wurde, auf der Strasse getestet, und diese Tonaufnahmen (ohne Bild) wurden im Leningrader Haus des Films vorgeführt. Der Kritiker Rafailovič beschrieb das Resultat so: „Die Vorführung war ungewöhnlich. In dem dunklen Zuschauerraum leuchtete das Rechteck der Leinwand jungfräulich weiß. Doch keiner interessierte sich für die Leinwand. Faul und melodisch dröhnten die Glocken, festlich sang der Kirchenchor, in der Kneipe polterte etwas, jemand wurde geschlagen, und als in der Symphonie dieses trunkenen Skandals deutlich ein traditionelles russischen Schimpfwort erklang, verschwanden alle Zweifel an dem dokumentarischen Charakter des gefilmten Materials. Wir sahen eine Originaltonaufnahme."[28]

Am 5. April unterschrieben Šorin und seine zehn Mitarbeiter das Protokoll der technischen Abnahme,[29] Anfang Juni konnte Vertov in Charkov die Tonaufnahmen vom Ukrainischen Parteitags durchführen. Im Juli fuhr der Drehstab in den Donbass. Sie „filmten" (wie es damals hieß) die Geräusche in den Schächten, die Sirenen, die Lokomotive, die Maschinen, die Loren – alles lärmende Objekte, ohne die Möglichkeit zu haben, die Aufnahmen zu sichten (und zu hören).[30] Ein Teil des gedrehten Materials war Ausschuss, der Ton war nicht zu gebrauchen, und so wurden auch die dazugehörigen Bildsequenzen nicht verwendet. Vertov nutzte drei Typen von Aufnahmen: Bilder und Töne separat, Bilder und Töne gleichzeitig, aber auf verschiedenen Bändern (das Bild mit der Stummfilmkamera und der Ton mit der Tonapparatur) und schließlich Bilder und Töne synchron, ohne einer Methode den Vorrang zu geben.[31] Die Töne und Bilder wurden dann meist asynchron zusammengeführt:

27 Diese Entscheidung hatte Vertov bei der Leitung der ukrainischen Filmorganisation VUFKU hart erkämpft: Šorin bot ein System an, das 24 Bilder pro Sekunde synchronisierte, anders als das System des Moskauer Ingenieurs Tager, das mit 19 Bildern pro Sekunde arbeitete.

28 D. Rafailovič, „Novaja pobeda tonfilma" (Der neue Sieg des Tonfilms), *Krasnaja gazeta*, 26. April 1930, zitiert nach Vertov, „Tvorčeskaja kartočka", publikacija Aleksandra Derjabina, in: *Kinovedčeskie zapiski* 1996, Nr. 30, S. 161–192, hier S. 187.

29 Šorin schrieb, dass Vertovs Tonaufnahmen gezeigt hatten, wie leblos die im Studio produzierten Geräusche waren, was man sich bis dahin umgekehrt vorgestellt hat. Vgl. *Kino i žizn*, Nr. 14, 11. Mai 1930, S. 10–11.

30 Vgl. Vertovs Bericht über die Dreharbeiten, „Obsuždaem pervuju zvukovuju filmy Ukrainfilma *Simfonija Donbassa*" (Wir erörtern den ersten Tonfilm von Ukrainfilm *Die Donbass-Symphonie*, 27. Februar 1931), gekürzt in Vertov, *Stat'i*, a. a. O., S. 125–127; dt. in: ders., a. a. O. *Aufsätze, Tagebücher, Skizzen*, S. 173 f.

31 Vgl. Vertovs Rede auf der ersten Konferenz zum Tonfilm, 25.–31. August 1930. Russ. in *Iz istorii kino: materialy i dokumenty*, vyp. 8, Moskau: AN SSSR; 1971, S. 178–188, hier S. 182; engl. in: Richard Taylor

Vertovs und Timofeevs Partitur des Marschs „Poslednee voskresenie", Dez. 1929

Geräusche einer Versammlung zur Werkhalle und umgekehrt, die Messgesänge zu Bildern von Betrunkenen usw. Jedes synchrone Bild wirkte in dieser Umgebung wie eine Überraschung, und den synchronen Objekten (einer Glocke, einer Sirene, Maschinen, Trommeln und Blechinstrumente, sprechenden und singenden Figuren) wurde ein besonderer Wert beigemessen.

Einen Monat lang drehte Vertov im Donbass. Ende August begann er in Kiev mit dem Schnitt. In seinem Tagebuch notierte er, dass er 50 Tage und Nächte dafür brauchte.[32] Die Premiere des Films, vorgesehen für Oktober, wurde auf den 8. Februar verschoben[33] und erst am 1. April 1931 kam der Film in den Verleih. Der drei-

(Ed.), *The Film Factory. Russian and Sovjet cinema in documents 1896–1939*, London: Routledge 1988, S. 119–120.

32 Vertov, „Wir erörtern den ersten Tonfilm …", in: Vertov, *Stat'i*, a. a. O., S. 127.

33 Am 1. November 1930 gab es in Kiew eine Voraufführung.

Vertov hört während der Dreharbeiten den Ton ab, hinter ihm Elizaveta Svilova und der Toningenieur Pjotr Štro

monatige Aufschub hatte vermutlich seine Ursache in Problemen mit der Tonausrüstung der Kinosäle und in Zweifeln, ob der Film dort auch adäquat „gehört" werden konnte.[34] Der Film wirkte buchstäblich betäubend, und seine Projektion bereitete Schwierigkeiten: in den meisten Kinos wurde die Geräuschcollage des *Donbass-Symphonie* nur entstellt wiedergegeben. Vertov strebte eine breite Skala an – von sehr hohen bis zu sehr tiefen Tönen, von extrem leisen zu extrem lauten; die Lautsprecher wurden auf die „goldene Mitte" eingestellt, so dass die leisen und die hohen Töne nicht wahrnehmbar waren und die lauten sich in einen undifferenzierbaren Donner verwandelten. Dies wurde nicht als Mangel der Projektion, sondern als Mangel der Aufnahme gewertet, und die Kritik im Inland sprach von Kakophonie.[35] Die in heftigen Diskussionen um den Film nach dessen Vorführungen am 2. Januar 1931 in Charkov und am 8. Februar in Moskau formulierten Vorwürfe kreisten um den verworrenen und chaotischen Charakter des Films, der dem Zuschauer keine politische Orientierung und keine künstlerische Organisation biete, die Produktionsprozesse als eine Strafarbeit darstelle und mit den Industriegeräuschen die Wahrnehmungsfähigkeiten des Einzelnen überfordere. „Unmenschlich", „furchtbar", „monoton", „einschläfernd", „dröhnend", „primitiv", „betäubend", „sinnlich überfrachtet", „physisch vernichtend" – so wurde die Tongestaltung

---

34 Vertovs Briefe an die VUFKU-Leitung geben darüber Aufschluss. Er schreibt darin, dass es zu diesem Zeitpunkt in der Ukraine nur zwei Städte mit Tonfilmkinos gab, Kiev und Charkov, die Tonapparatur in Charkov aber kaputt war, vgl. RGALI 2091-2-417, list 47.

35 Die Rezension von Viktor Šklovskij hieß „Es gibt zwar Töne, aber keinen Film", die Satiriker Ilf und Petrov sprachen von „kastrierter Musik", „Donbass-Kakophonie" und rieten davon ab, ihn vorzuführen – vgl. Lev Rošal, *Dziga Vertov*, Moskau: Iskusstvo, 1982, S. 215.

beschrieben.[36] Die Kritik im Ausland war dagegen begeistert.[37] Vertov konnte den Ton dort während der Vorführungen regulieren und meinte, dass er seinen Film im Ausland zum ersten Mal gehört hatte.[38] Hans Eisler schrieb: „Großartig ist die Art, wie bei ihm die Musik gegen das Bild stürmt, Gegensätze zwischen den beiden herausgearbeitet werden. Das alles ist durchaus neu, das genialste, was der Tonfilm hervorgebracht hat".[39] Auch Chaplin war begeistert: „Ich habe mir nicht vorstellen können, dass mechanische Geräusche so schön wirken können. Ich betrachte *Enthusiasmus* als eine umwerfende Sinfonie. Mister Vertov ist ein Musiker."[40]

Heute sind wir in einer schwierigen Situation. Die Tonspur war stark beschädigt und konnte nur teilweise rekonstruiert werden.[41] Die Bilder werden jetzt als „Vorboten totalitärer Ästhetik", als Ausdruck stalinistischer Kunst angegriffen.[42] Dabei ist *Enthusiasmus* weder Riefenstahls Massenchoreographien noch Ruttmanns Werbefilmen für deutsche Panzer oder Waffenschmieden ähnlich. Er lebt von einer chaotischen und zerstörerischen Dynamik – der erste russische Dokumentarfilm mit Originalton, der letzte futuristische Experimentalfilm von Vertov. Er vereint die Begeisterung für die Materialität des Filmbildes und des Originaltons mit der Transrationalität ihrer Verbindungen – beides futuristische Vorsätze.

36　Die Stenogramme dieser Diskussionen sind bis heute nicht veröffentlicht, vgl. RGALI, fond 2091, op. 2, ed. 417.

37　Zur Rezeptionsgeschichte des Films im Ausland vgl. Thomas Tode, „Ein Russe auf dem Eifelturm. Vertov in Paris", in: *Apparatur und Rhapsodie*, a. a. O., S. 43–72, S. 62 ff.

38　Vgl. D. Vertov „Čarli Čaplin, gamburgskie rabochie i prikazy doktora Virta" (Charlie Chaplin, Hamburger Arbeiter und die Erlasse des Dr. Wirth), *Proletarskoe kino*, 1932, Nr. 3, S. 40–45. Vertov, „Tvorčeskaja kartočka", publikatsija A. Derjabina, in: *Kinovedčeskie zapiski* 1996, Nr. 30, S. 161–192, hier 187–191. Thorold Dickinson liefert eine Beschreibung des komischen Kampfes zwischen dem Toningenieur des Kinos und Vertov („fighting for possesion of the instrument of [sound] control") bei der Vorführung des Films *Enthusiasmus* am 15. November 1931 in London – vgl. Vertov, *Tagebücher/Arbeitshefte*, hg. von Thomas Tode und Alexandra Gramatke, Konstanz: UVK Medien, 2000, S. 23.

39　Eisler in „Musiker und Maler über Dziga Wertoff", in: Oksana Bulgakowa (Hg.), *Die ungewöhnlichen Abenteuer des Dr. Mabuse im Lande der Bolschewiki*. Ein Buch zur Filmreihe Moskau – Berlin, Berlin: Freunde der Deutschen Kinemathek,1995, S. 157. Eisler wünschte sich allerdings vom Film mehr Didaktik bei der Darstellung der sozialistisch organisierten Arbeitsprozesse.

40　Chaplin zit. nach Vertov, *Stat'i …*, a. a. O., S. 173–174.

41　Dabei wirkt für mich die Bemühung von Peter Kubelka, die Synchronität eines Hammerschlages in einer Sequenz wiederherzustellen nicht überzeugend, da der eigenartige Bildrhythmus dadurch möglicherweise verändert wurde. Vgl., Lucy Fisher, „Restoring Enthusiasm. Excerpts from an interview with Peter Kubelka", in: *Film Quarterly* 2, Vol. 31, Winter 1977/78, S. 35–36; jetzt in: *Maske & Kothurn*, 42. Jg., Heft 1, 1996, „Dziga Vertov zum 100. Geburtstag", S. 111–113.

42　Vgl. Jacques Aumont, „Avant-garde: de quoi? A propos d'Enthousiasme (1930)" in: *Vertov: l'invention du réel*, a. a. O., S. 41–57. Im selben Sammelband ist ein Aufsatz von Laurent Jullier „Enthousiasme! Travail de l'ouvrier, travail du cinéaste" veröffentlicht, der Vertovs Film als konstruktivistisch und futuristisch definiert (S. 97–112).

Die Struktur

Der Film, „die Symphonie", erinnert im Aufbau an Programmmusik in vier Teilen
mit Wiederkehr von Leitmotiven und Refrains und baut in diesem Sinne eine musikalische (nicht literarische) Narrativität aus:

1. die Entweihung der Kirche (die Ouvertüre; Allegro);
2. die Arbeit in der Kohlegrube (Moderato);
3. die Arbeit am Hochofen (Rondo; Allegro vivace);
4. die Ernte auf dem Lande (Pastorale; Andante cantabile).

Diese vier „Arbeitsgänge", die keineswegs paritätisch behandelt werden (die Ouvertüre dauert etwa 21 Minuten, die Kohlegrubenepisode etwa 16, die Hochöfen 22 und
die Ernte 10 Minuten) sind durch Demonstrationen und Versammlungen, die diese
Prozesse begleiten, voneinander getrennt und gleichzeitig miteinander verbunden.
Die Marschierenden (zunächst Pioniere in schwarz, dann Komsomolzen in weiß,
dann Arbeiter, Militärs, Delegierte des Parteitages, Blasmusiker) und die sie umge-
benden Details (mal russische, mal ukrainische Losungen, mal Tag-, mal Abendlicht,
mal Frühling, mal Sommer) deuten auf verschiedene Orte und Zeiten, an denen die
Demonstrationen stattfanden. Doch die einander ähnelnden Prinzipien der Aufnahme (die Kamera leicht oben, nur bei den Komsomolzen leicht von unten; die
Richtung der Marschkolonnen in Diagonalen; die Masse füllt den gesamten Raum
der Einstellung) verwandeln die Massenbewegung in eine kompositorische Klam-
mer. Die Märsche wirken wie Zäsuren, ein gleichförmiger Refrain; nach ihrem ersten
Auftauchen (in der neunten Minute, am Anfang der zweiten Rolle) kehren sie alle
drei Minuten wieder, nur einmal – innerhalb der Kohlegrubenepisode – wird dieser
Rhythmus der Wiederkehr unterbrochen.
    Die vier Teile stützten sich auf das Programm des Fünfjahrplanes (1928–1932)
und bebildern dessen Losungen. Das erste Planjahrfünft wurde auch das „gottlose"
genannt und sollte die Industrialisierung mit der Abschaffung der Religion verbinden
(während dieser Zeit wurden unzählige Kirchen nicht nur umfunktioniert, sondern
geschlossen, gesprengt und die Ikonen darin verbrannt). Von diesem Standpunkt aus
betrachtet, folgen vier Teile des Films den vier elementaren Parteidirektiven: Nieder
mit der Kirche (1), Her mit der Kohle (2); Wir müssen Amerika, was die Stahlpro-
duktion angeht, überholen (3) und die Kollektivierung auf dem Lande durchführen,
die dank der Industrialisierung möglich wird (4).[43] Kohle, Stahl und Ernte werden
durch die Reden miteinander verbunden, da die Stahlkocher einen Wettbewerb mit
den Bergarbeitern und die Bauern einen mit dem Stahlwerk ausrufen. Diese erst später, in den Reden auf der Versammlung verbalisierte Kausalität (warum die Abschaf-

---

43 Vertovs vorbereitende Notizen zu dem Film (RGALI, 2091-2-415), die er „Gedankenschemen"
    nennt und mit Lenins und Stalins Zitaten ergänzt, strotzen vor politischer Rhetorik des Fünfjahr-
    plans (Enthusiasmus, sozialistischer Wettbewerb, Durchbruch, Front, Stoßarbeit usw.).

fung der Religion, Kohle, Stahl und Ernte zusammengebracht werden) braucht der Film eigentlich nicht, da sich zwischen den Strängen andere Beziehungen etablieren – einerseits rein formelle Schemen wie der Kontrast der Tempi (schnell – langsam –schnell – langsam) oder der Helligkeit (hell – dunkel – hell/dunkel – hell: aus dem grellen Sonnenlicht der ersten Episode in die Dunkelheit des Schachts, von da aus zum Feuer des Hochofens und von den steilen Hell-Dunkel-Kontrasten der Stahlschmelzerei zum natürlichen Tageslicht der Ernte), aber auch verdeckte semantische Verbindungen. Der Film entwickelt einen selbständigen Kommentar zu den Losungen, der in erster Linie durch das kontrapunktische Verflechten der visuellen und akustischen Leitmotive geschaffen wird.

Der *Donbass-Symphonie* gingen zwei Drehbücher voraus. Zunächst, zwischen dem 13. und 31. Dezember 1929, wurde das Tondrehbuch geschrieben, später kam ein visuelles Drehbuch hinzu. Vertov trennt die Bilder von Tönen und behandelt sie separat, so entwickeln beide Drehbücher eine selbständige Dramaturgie.[44] In dem Tondrehbuch werden die Lautwelten der symbolischen Kollektivkörper (Kirche, Industrie, Stadt) den subjektiven Geräuschempfindungen eines Individuums (Herzschläge, Uhrticken, Klaviermelodie) gegenübergestellt, das Urbane und das Industrielle lassen das Sakrale (die Kirchenglocke) und das Individuelle (eine Klaviermelodie) verstummen, sie berauben beides der Potenz (Stimmkraft). In dem visuellen Drehbuch, das sehr nah am fertig gestellten Film ist (veröffentlicht ist eine der letzten Fassungen), gibt es zwei Teile: die Transformation der Kirche in einen Arbeiterklub (als ein Punkt des Fünfjahrplan dargestellt, der durch „die Erschießung der Schatten der Vergangenheit mit dem Orkanfeuer sozialistischer Fabriken" zu realisieren ist) und die Verflechtung der „*Kampf*handlungen" um Kohle, Stahl und Brot. Dort ist die Dynamik des Films als ein Stoss von Energie dargestellt: zunächst vertikal (aus der Tiefe der Erde, einer Kohlegrube, zu den Hochöfen) und von ihnen die Ausbreitung auf der horizontalen Ebene – Gleise (Verbindungswege), Felder (Ernte) und Plätze (Demonstrationen). Der Körper der Masse ist konzipiert als eine Einheit, die Lieder und Industriegeräusche einverleibt, ein Kollektivwesen, in dem der Widerspruch des Tondrehbuchs (zwischen dem menschlich produzierten Ton und dem Geräusch der Maschinen) organisch aufgehoben wird. In beiden Drehbüchern sind jedoch alle im Film entstehenden semantischen Verbindungen und Konfrontationen außer Acht gelassen: Ohr/Auge, Ton/Bild, Radio/Kirche, Industrie/Land, Konstruktivismus/Naturalismus. Die Konfrontationen sind dadurch gebildet, dass Vertov die Äquivalenzmöglichkeiten, Substitutionsstrategien und assoziativen Poten-

---

44 Vertov, „Zvukovoi marš", Vertov, *Stat'i*, o. o. A., S. 280–283; Simfonija Donbassa (Entuziasm), ebda., S. 283–285. Deutsch vollständig in: *Aufsätze, Tagebücher, Skizzen*, a. a. O., S. 314–320. In Vertovs Archiv (RGALI) sind noch weitere Aufzeichnungen gesammelt: Aufstellung der möglichen Drehorte, ein Schema der Töne (2091-2-415), die Musikpartitur (2091-1-37) etc. Vgl. auch V. Listov, E. Svilova, „Archiv Dzigi Vertova", in: *Iz istroii kino: materialy i dokumenty*, vyp. 2, Moskau: AN SSSR, 1962, S. 132–155.

tiale von Ton und Bild testet. In der Kombination beider Reihen, in den futuristischen Geräuschcollagen, in dem audiovisuellen Auseinanderfallen entstehen Sinn-
verschiebungen, die möglicherweise nicht programmiert wurden und bis heute eine
sehr widersprüchliche Bewertung des Films (avantgardistisch versus stalinistisch)
hervorbringen.

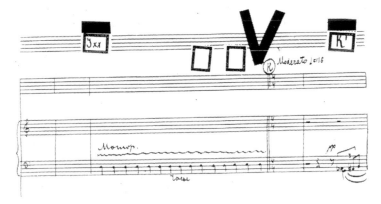

Vertovs und Timofeevs Partitur

Teil 1. Ouvertüre: Die Geburt des Radio-Ohrs
oder die Zerstörung der Kirche als ihre Auferstehung

Vertovs erster Tonfilm wird mit einem Prolog eröffnet, der quasi die Geburt des
Radio-Ohrs verfilmt; betont stellt Vertov den medialen Charakter seines Bildes aus,
diesmal des Tonbildes: Am Anfang sehen wir ein Mädchen, das am Radioempfänger
dreht und die Kopfhörer aufsetzt; in der Nahaufnahme erscheint ein Ohr. Wir regis-
trieren jedoch sofort eine Diskrepanz zwischen dem, was sie und wir hören, und
dem, was sie und wir sehen. Noch bevor wir etwas sehen, hören wir einen unsichtbaren Kuckuck (im Off). Nach der Nahaufnahme von einem Ohr mit Kopfhörer
folgt eine Nahaufnahme der Zarenkrone im Zaungitter, unterlegt mit einem mächtigen Glockenschlag. Der nächste Glockenschlag wird nicht vom Kuckuck, sondern
von den rhythmischen Schlägen eines Metronoms abgelöst. Lucy Fisher, die gerade
dieser Sequenz eine ausführliche Analyse widmete,[45] konnte das Metronom nicht
einordnen und deutete das Geräusch, dem Tondrehbuch Vertovs folgend, metaphorisch als „Herzschlag". Genauso metaphorisch geriet bei ihr der „Kuckuck" (als ver-
nichtender ‚Tonkommentar' zur Religion).[46] Dabei können beide Geräusche (der

---

45   Lucy Fisher. „Enthusiasm: From Kino-Eye to Radio-Eye", a. a. O., S. 25–34.
46   Ebenda, S. 30.

Kuckuck und das Metronom) als Ortsbestimmung gedeutet werden: der Kuckuck ist ein Teil der Umgebung, in der das Mädchen die Radioübertragung hört; das Metronom führt das Musikstudio in Leningrad ein, in dem ein Orchester vor der Übertragung probt. Zwischen der Hörerin und dem Musikstudio in Leningrad ist ein anderer Ort (ein semantischer Block) etabliert: die Kirche. Der Schlag der Glocke „zaubert" eine Reihe von alten emblematischen Objekten (wie aus Eisensteins intellektueller Montage): eine Krone mit dem Monogramm von Nikolaus II. im Zaungitter, eine Christusstatue, ein Kreuz. Die Filmtricks (Mehrfachbelichtung) sorgen für ihre eigenständige Vermehrung. Dann kommen die Betenden aus allen Schichten und Altersgruppen ins Bild (eine vornehme Frau, eine alte Arbeiterin, eine Bäuerin, ein Beamter, Halbwüchsige), und ein Platz in der Stadt wird mit Messeklängen unterlegt. Die Nahaufnahmen der Ohren ohne Kopfhörer (!) lauschen gewissermaßen dieser Klangwelt, wenn wir die Bilder nach der Regel der Montagestruktur deuten: das Subjekt, das sieht (hier hört) – das Gesehene (das Gehörte). Die räumlich-zeitliche Distanz zwischen dem (sichtbaren) Gehörten und der Hörerin ist allerdings durch verschiedene Jahreszeiten betont: das Mädchen trägt ein leichtes Kleid und ist in eine Sommerlandschaft platziert, der Baum im Hintergrund ist belaubt; die Betenden tragen schwere Mäntel, und die Bäume sind noch kahl. Sollen wir diese (jahres-)zeitlichen Unterschiede ignorieren oder die Klangwelt als Erinnerung deuten und der Vergangenheit zuschreiben? Nach den Betenden kommen die Alkoholiker ins Bild, die Montage springt zwischen der Hörerin, den Betenden und den Betrunkenen; die Bilder werden montiert im Rhythmus des mächtigen Glockengeläuts (dem einzigen synchronen Geräusch in dieser Sequenz).

Doch dann – genauso wie die Glocke eine ganze Reihe alter Embleme mit jedem Schlag auf die Leinwand hinzauberte, löscht jeder Schlag des (unsichtbaren) Metronoms (wahrgenommen durch das Ohr unter den Kopfhörern!) eine Christusstatue nach dem anderen aus dem Bild, und eine Stimme verkündet im Off: „Hier spricht Leningrad. Sie hören die Übertragung von Timofeevs Marsch ‚Der letzte Sonntag' aus dem Film *Die Donbass-Symphonie.*" Auf diese Weise werden zwei Klangwelten miteinander konfrontiert: die Messe und das Radio; in beiden wird dem Ton eine magische Kraft über das Bild „gegeben" (die Glocke zaubert die alte emblematische Welt her, das Metronom, im Film ein Zeichen für das Radio, löscht sie aus). Die erste Welt hat eine üppige bildliche Präsenz, die zweite ist durch eine körperlose Stimme und ein dunkles Tonstudio mit dem Dirigenten vor dem unsichtbaren Orchester vertreten. Am Ende der Ouvertüre wird sich der Marsch als Leitmotiv gegenüber der gesungenen Liturgie behaupten, und die bildliche Pracht der Kirche wird vernichtet.

Die Frau ohne das Radio-Ohr lauscht den ‚alten' Klängen (oder erinnert sich an sie), das Radio-Ohr eröffnet ihr eine neue Tonwelt: eine Marschmusik und Industriegeräusche. Wie der-Mann-mit-der-Kamera zum Mediator des filmischen Sehens wurde, so spielt die Frau mit den Kopfhörern hier dieselbe Rolle. Die männlich/weibliche Zuordnung der Medien folgt dem traditionellen Schema: weil das Auge an die analytische Konzentration appelliert und das Ohr dagegen emotional und passiv ist, wurden Knaben in Zeichnen und Mädchen in Musik ausgebildet.[47] Nicht traditionell ist in diesem Aufbau der mediale Tausch: der Film beginnt mit der Übertragung der Tonspur im Radio. Wir *sehen* quasi das, was das Mädchen als Mediator *hört*, als ob die Wahrnehmungskanäle falsch verbunden wurden. Das Auge und das Ohr tauschen die Plätze. Dieser Tausch des Auditiven und des Visuellen verfilmt gleichsam die Geburt der Idee nicht nur des Radio-Ohrs, sondern auch des Film-Auges. Als Vertov in seinen Tagebüchern von 1924 beschreibt, wie die Idee zum Film-Auge entstand, greift er nicht auf bildliche Eindrücke zurück, sondern auf Geräuschassoziationen und Klangerinnerungen, auf Fetzen von Tönen und Sätzen.[48] Von diesen *Klang*fetzen kommt er zu Fetzen von *Bildern*. Es war der *Ton*, der ihn auf die Idee der Zerstörung der Ganzheitlichkeit der *Gestalt* und der neuen Zusammensetzung dieser Ganzheit in der Montage gebracht hatte.

„Eines Tages, im Frühling 1918, kehrte ich vom Bahnhof zurück … In den Ohren noch die Geräusche des sich entfernenden Zuges, Seufzer… jemand schimpft … ein Kuss … ein Ausruf … Lachen, Pfeifen, Abschiedsschreie … Ich denke dabei: man muss einen Apparat erfinden, der diese Klänge photographieren kann. Sonst kann man sie nicht fassen. Sie fliehen, wie die Zeit. Aber, vielleicht, kann das der Filmapparat …? Er kann das Gesehene aufnehmen. Die stumme Welt fassen. Vielleicht liegt darin der Ausweg?"[49]

Dieser Tausch ist bezeichnend: Solch separate Toneindrücke kann laut Vertov nur die Aufzeichnungsmaschine für Bilder produzieren. Hängt dies damit zusammen, dass dem Auge, einem analytischen Organ, die Möglichkeit der Synthese und der Ganzheit nicht abgesprochen wird, anders als dem Ohr, einem Organ mit den unterentwickelten Differenzierungsmöglichkeiten, das den Rezipienten in ein Sinneschaos stürzt? In der Toncollage der Ouvertüre zu *Enthusiasmus* allerdings wird die etablierte Hierarchie des analytischen Visuellen und des archaischen, affektiven Auditiven umgestoßen: der Ton besiegt das Bild. Die Orgel beginnt die alte Staatshymne „Gott behüte den Zaren" zu spielen, doch wird die Melodie durch Veränderung der Geschwindigkeit entstellt und geht in eine Tanzmelodie der „Komarinskaja" über,[50] dann wird diese zweite exzentrische Entstellung von majestätischem Glockengeläut

---

47 Vgl. Theodor W. Adorno, Hanns Eisler, *Komposition für den Film*, Leipzig: Reclam, 1977, S. 56–58.

48 Vielleicht war das biographisch bedingt: Während des Studiums am Neurologischen Institut in Petrograd schrieb Vertov futuristische Lautgedichte und gründete ein Tonlaboratorium. Er machte Wort- und Geräuschcollagen („Wasserfall", „Sägewerk") und träumte in dieser Zeit vom Laut als einem mächtigen Ausdrucksmittel, meinte jedoch, es sei unmöglich, diesen Laut anders als in einem Lautgedicht aufzuzeichnen.

49 Vertov, „Roždenie kinoglaza", (Die Geburt des Filmauges, 1924), in: Vertov, *Stat'i…*, a. a. O., S. 74.

50 Dasselbe akustische Verfahren der „Vernichtung" der alten russischen Hymne durch eine Überblendung mit der Tanzmusik (Foxtrott) oder Geräuschen wurde in den Radiosendungen dieser Zeit oft benutzt, was man den veröffentlichten Szenarien entnehmen kann, vgl. „Radiopanoptikum" (1931), in M. Stirius. *Bolševiki zavoevyvajut efir* (Die Bolschewiki erobern den Äther), Leningrad, 1931, S. 130–131.

und dem liturgischen Chor übertönt, der liturgische Chor wird genauso durch eine Veränderung der Geschwindigkeit ‚vernichtet‘, die Werksirene übertönt die Glocke und bahnt den Weg für den Marsch.[51] Die Töne behaupten sich als unabhängige Größen und bauen eine ironische, verfremdende, analytische Distanz zu dem akustisch ‚Abgebildeten‘ auf, während die Kamera den trunkenen, unsicheren Bewegungsgestus und die subjektive Perspektive des Gefilmten übernimmt: sie neigt sich wie eine Betende oder schwankt wie ein Alkoholiker. Visuell wird eine Parallele hergestellt, ein Allgemeinplatz im sozialistischen Diskurs: Religion ist Opium fürs Volk; Kirche, Wodka und Kino sorgen für die gleiche, jede (Durch-)Sicht benebelnde Wirkung. (Diese geläufigen Assoziationen wurden von Trotzki und Stalin genauso benutzt wie von Majakovskij, Brik, Tretjakov und Vertov.[52]) Diese *Bilder* („Schatten der Vergangenheit") werden in Vertovs neuem Film gerade durch die *Töne* verdrängt, die aus dem Radio kommen. Das neue akustische Medium wird als eine Gegendroge etabliert. (Natürlich muss es erst einmal gestaltet werden. Der Rundfunk, der in Sowjetrussland 1923 auf Sendung ging, wurde von Vertov zunächst scharf angegriffen, da es denselben „opiatischen Quatsch" verbreitete wie das Kino: „Carmen", „Rigoletto" und Romanzen.[53])

Die Film-Ouvertüre installiert das bildlose Radio anstelle der bildlich üppigen Kirche, und in dem Moment, da das Radio akustisch einen Sieg über die Kirche feiert, gibt die Sirene ein Zeichen zur Demontage der sakralen Bilderpracht. So inszeniert die Ouvertüre, die mit dem Umpolen der Rezeptionskanäle beginnt, den Ikonoklasmus als eine mediale Schlacht: der nicht-naturalistische Ton (mit Deformation, Beschleunigung, Rückwärtslauf, hartem Schnitt etc.[54]) entmachtet die alte Klangwelt und entmystifiziert die traditionelle Bilderwelt; allerdings wird die Arbeit des Auseinandernehmens der Kirche *im Film* nicht von dokumentarisch gefilmten Menschen ausgeführt, die die Kreuze absägen, sondern durch die optischen Filmtricks: die Kuppeln und das Christusbild werden mit Hilfe der Zerreißblende zersplittert (wie das Bolschoi-Theater, ein Emblem der akademischen Kunst, in *Der Mann mit der Kamera* in sich zusammenfällt) und in einer Reihe rapider Überblendungen zum

---

51 Im Drehbuch wird die Sequenz metaphorisch beschrieben: die Werksirene „zerreißt" die Musik der Liturgie, die Glocke „erschrickt und erstarrt", die Trommel geht in das Geräusch der Motoren über, das das Radio, ein „elektrischer Puls", mit sich bringt. Vertov, *Stat'i...*, a. a. O., S. 281. Im Film wird das Umfunktionieren der Kirche in einen Arbeiterklub durch einen Marsch eingeleitet, das Mädchen „hört" die Trommel, wir sehen die marschierenden Pioniere und eine andere Demonstration – ohne die Trommel, dafür mit der Losung „Kirchen schließen!".

52 Allerdings wird Vertov in der Moskauer Diskussion vom 8. Januar 1931 von Konstantin Judin eine primitive Agitationsarbeit bescheinigt, indem er die „absurden gestrigen Vergleiche zwischen Kirche und Wodka" zieht, vgl. RGALI, 2091-2-417, list 53.

53 Vertov, *Kinopravda i „Radiopravda"* (1925), in: Vertov, *Stat'i...*, a. a. O., S. 86.

54 Lucy Fisher zählt in ihrem Aufsatz alle nicht naturalistischen, nicht diegetischen Tonverfahren auf, die Vertov verwendet (disembodied sound, superimposed sounds, sound distortions, sounds from the various spaces, sound reversal, abrupt sound breaks, abrupt tonal contrasts, mismatching of sound and location, of sound and distance, metaphorical use of sound etc.), a. a. O., S. 30.

Zittern gebracht; die Kirche wird durch die geneigte Kamera ‚umgestürzt'; der rote Stern und die roten Fahnen steigen durch Rücklauf des Films anstelle des Kreuzes aufs Dach (eigentlich fallen sie herunter). Dieser Trick wird zweimal gezeigt, und er vollendet die Transformation der Kirche in einen Arbeitklub; nun ragt sie nicht mehr geneigt, sondern wieder gerade, wie eine schwarze Silhouette, in den Himmel.

Im Prinzip triumphiert der Film als eine neue Repräsentationstechnik über die alte (Ikonen, Embleme, Statuen, Gebäude), doch die Asynchronität von Ton und Bild verleiht beiden Reihen Unabhängigkeit und produziert einen ambivalenten Effekt. Während die Tonspur vom Autor geschaffen wird (Ton verschwindet und wird dann deformiert, wenn Vertov es braucht; er entscheidet, ob die Sirene die Glocke übertönt oder nicht), beinhaltet das Bild allerhand Ambivalentes. Die simplifizierte Objektsprache (die Krone, die Christusstatue, die Glocke, die Kuppel, das Kreuz, der Stern, die Fahne) ist beherrschbar, die gefilmten Menschen (Betende, Alkoholiker, Schaulustige) sind nicht nur die Beobachteten, sie beobachten die Kamera vice versa, kommunizieren mit ihr und versuchen sich zu verteidigen (ein Betrunkener schützt sich mit der erhobenen Hand, ein Parteifunktionär in der letzten Episode – ist es Nikita Chrustschow? – lächelt verlegen und winkt ab). Auch der dokumentarisch aufgenommene Akt der Umfunktionierung der Kirche beinhaltet diese Ambivalenz: die Ikonen werden von Komsomolzen heraus getragen wie bei der Kirchenprozession zu Ostern, die schauende Menge betet wie gewohnt.

Die Ambivalenz kann als ungewollter Nebeneffekt gedeutet werden, doch wird sie durch andere Verfahren unterstützt: durch die Asynchronität selbst,[55] den karnevalistischen Symboltausch in der Objektreihe (Stern statt Kreuz) und den Titel des Musikstückes. Der Marsch aus dem Radio, der das Glockengeläut besiegt, heißt „Der letzte Sonntag" (*Poslednee voskresenie*), was im Russischen auch „Die letzte Auferstehung" bedeutet: die Kirche, die zerstört wird, feiert ihre Auferstehung als Arbeiterklub – unter Beibehaltung der alten Funktion (Bildung der Gemeinschaft) mit dem symbolischen Einsatz neuer Objekte. Die Widersprüche (Ton/Bild, Klub/Kirche) implodieren, und die Gegensätze gehen ineinander über (Ton → Bild, Kirche → Klub). Die Transformation wird vom Ballett der Massen begleitet, was den *rituellen*, magischen Gestus der karnevalistischen Aktion betont: die Kolonnen marschierender Komsomolzen in weiß ersetzten die Schaulustige in schwarz. Die Montage bringt Orte der neuen Gemeinschaft zusammen: Kino, Versammlungsplatz und Klub. Ein LKW führt die neue Bibel mit sich – den 12. Band von Lenins Werken, und da sehen wir noch einmal die Radiohörerin. Dank der akustischen Einbeziehung wechselt sie die Position, und so wird die Zeugin des Films (der durch den Ton vor unseren Augen visuell geschaffen wurde) zu dessen Protagonistin. Als Bildhauerin formt sie eine Leninbüste, einen Ersatz für die Christusstatue vom Anfang. Die me-

---

55   Eine Bass-Stimme im Off singt die liturgische Verdammung, Anathema, der Statue des Papstes; doch später, als die Stimme mit der Statue synchronisiert wird, singt die Statue die Verdammung der Atheisten.

diale Realität und die suggerierte ‚andere' kollidieren. Man kann das mit Lucy Fisher im Brechtschen Sinne deuten (die Hörerin ist vom Konsumenten zum Produzenten transformiert worden), aber auch im magischen: sie ist aus der quasi nichtfilmischen Realität in die Leinwandrealität gestiegen. Sie formt die Statue des neuen Heiligen, und in diesem Moment ist der ikonoklastische Gestus der Ouvertüre (das Ohr gegen das Auge, der Ton gegen das Bild, das Radio gegen die Kirche, der Film gegen die plastischen Künste) aufgehoben. Die Ouvertüre zerstört die alten Embleme, um sie durch neue zu ersetzen und ihnen symbolische (und magische) Qualitäten zu verleihen; in diesem Sinne ist die ganze Aktion tatsächlich eine „letzte Auferstehung". Das Radio entmystifiziert die alte Bilderpracht, in diesem Sinne wird die übliche Hierarchie der Sinne (nicht das Auge über das Ohr, sondern das Ohr über das Auge) umgestoßen, doch der Tonfilm mit seinen nicht illusionistischen Tricks feiert einen Sieg über die illusionistische Repräsentationstechnik der plastischen Künste des 19. Jahrhunderts. Im Teil I beginnt die Statue eines Arbeiters zu sprechen, die Kamera findet neue Orte und Körper des Sakralen (Fabrik, Stadt, Masse). Die neuen Medien – Radio und Film – besetzen den nun leeren Platz des alten Sakralen, von dem die alten Repräsentationstechniken vertrieben werden, und agieren als Agenten des neuen Sakralen.[56] Der Epistemologe Vertov wird zu Magier.

Teil 2. Moderato. Unter der Erde: Krieg und Spiel

Auf die Bilder des karnevalistischen Tauschs folgen die Zukunftsvisionen. Die Wolken rasen über der dunklen Kirche in Zeitraffer hinweg (so wird Vertov in seinem nächsten Film, *Drei Lieder über Lenin*, die Industriebauten und den Staudamm filmen), sie wird überblendet mit einem elektrisch ausgeleuchtetem Modell eines Hochofens und über die Konfrontation zweier Melodien – einer marschartigen und einer synkopisch-jazzartigen – wird das Thema des Wettbewerbs zwischen der Sowjetunion und den USA eingeführt. Die Melodien werden ineinander gemischt und während der Aufnahme beschleunigt. Der durch diese akustische Lösung vermittelte Slogan „Amerika überholen" sorgt für eine Sinnverschiebung: Wir überholen Amerika in der Stahl- und Traktorenproduktion, und verdrängen nicht nur das Produk-

---

56 Darauf deutet eigentlich schon das erste Bild hin, denn das Mädchen setzt sich, um Radio zu hören, unter die Leninbüste, die allerdings kaum zu erkennen ist. Erst am Ende der Sequenz wird das deutlich. Ungewöhnlich ist auch, dass sie Radio im Freien hört (und nicht im geschlossenen privaten Raum). Doch in der Sowjetunion wurden Rundfunkempfänger zuerst auf Plätzen und in Parks angebracht. Auf diese Weise formen der öffentliche Raum und die Leninbüste den Rahmen für die Wahrnehmung des Radios als Medium. Bemerkenswert ist, wie der Regisseur Friedrich Ermler 1929 die Reaktion eines Filmhelden auf das Radio darstellt: ein Arbeiter bekreuzigt sich, als er eine Radiostimme hört, auch ist der Empfänger in der Ecke untergebracht, wo früher Ikonen hingen (*Der Mann, der sein Gedächtnis verlor*).

Vertov bei den Dreharbeiten, Herbst 1929

tionssystem, sondern ihre Musik, den Jazz. Die symphonische Imitation der Maschinengeräusche in der Art von Aleksandr Mosolov setzt sich durch. Die Zukunft wird durch Spielzeugmodelle (von Loren und Traktoren) bebildert – dasselbe Verfahren nutzten auch Joris Ivens in seinem Magnitogorsk-Film *Lied der Helden* (1932) und Lev Kulešov in seinem Elektrifizierungsfilm *Vierzig Herzen* (*Einbruch*, 1930) –, die Vertov mit Großaufnahmen schweißüberströmter Gesichter unterschneidet: die Disproportion lässt die Arbeiter wie Riesen erscheinen. Das Ziel der Spielzeugtraktoren (die sich im Kreis bewegen!) wird durch den ukrainischen Zwischentitel angegeben: „Zum Sozialismus!"

Erst danach tauchen konstruktivistische Bildkompositionen auf. Vertov arbeitet mit Metallstäben, Türmen, Schornsteinen, Brücken wie mit Elementen von Konter-Reliefs oder Photomontagen; schon in *Das elfte Jahr* hatte er diese Kompositionen ausgiebig benutzt. Es ist die Stimme, die diesen Passagen das Neue verleiht. Sie kommt aus dem Off und wird auf die Statue des Arbeiters gelegt, so als ob diese spricht und alle auffordert: „Zum Donbass, die Front ist durchbrochen!" Darauf erhebt sich die Menge im Saal. Die Statue setzt sie (die realen Delegierten des Parteitags in Charkov?) in Bewegung. Nach den stummen Bildern am Bahnhof (wo die Freiwilligen den Panzerzug besteigen und an die Front, das heißt, zum Donbass fahren) sehen wir den rollenden Zug, Gleise und hören dazu einen Chor der Singenden – die Klänge werden wieder getauscht, die Menschenmasse im Saal produziert Industriegeräusche, die Lokomotive singt die „Internationale".

Teil 2 und 3 des Films – der Symphonie –, definieren die Arbeit als Krieg (mit „Frontmetaphern" in Schrift und Stimme) und stellen sie als eine heroisch-affektive Handlung dar.[57] Die nackten Körper der Arbeiter werden in diesem Kontext nicht

---

57 Gerade das wurde in der sowjetischen Kritik moniert: „Diese einfachen Produktionsprozesse sind derart verdichtet wiedergegeben, dass ein nicht eingeweihter Zuschauer den Eindruck von teuflisch

Entuziazm, 1930

als Realitätsdetails verstanden, sondern als Merkmal einer heroischen Zeit. Das Heroische ist jedoch nicht vom Spielerischen zu trennen. Das „Front*theater*" und die „*Spielzeug*modelle" gehören zusammen. Die Aufnahmen in den Schächten werden gegen gymnastische Übungen der Minenarbeiter parallel montiert. Die Gymnastik (ausgearbeitet vom Zentralen Institut für Arbeit unter der Leitung von Aleksej Gastev) folgt denselben Prinzipien wie Meyerholds neue Schule der Schauspieltechnik, die Biomechanik, und wird genauso ausgeführt: rhythmisch, verlangsamt, choreographisch abgestimmt, synchron, in einer exzentrisch wirkenden Motorik. Die Arbeit führt zum Erlangen einer neuen Körpersprache, die in ihrer Exaktheit mit der Bewegung der Maschine konkurrieren kann. Unterlegt wird diese Passage asynchron – mit den Geräuschen mechanischer Werkzeuge (die allerdings wie ein synthetischer, artifiziell produzierter Ton wirken); sie reproduzieren einen genauen Rhythmus. So entsteht ein mechanisches Ballett, ausgeführt von menschlichen Körpern, die Maschinengeräusche und ihren Rhythmus visualisieren.

Die Masse (auf dem Bahnhof, im Saal) ist in diesem Teil stumm. Die Arbeiter gehen in Diagonalkomposition auf die Kamera zu – und entfernen sich wie dunkle

---

schwerer Arbeit bekommen muss, die Frontbedingungen nahe kommt ... Rauch, Feuer, noch mal Rauch, noch mal Feuer. Diese „Schlachtszenen" werden mit Demonstrationen zu Hurra-Rufen und Orchesterklängen montiert. Kurzum – ein Angriff. Das ist, im Grunde genommen, ein Angriff, doch in Wertows Film bekommt diese Metapher mechanistische, oberflächliche Züge, denn Wertow deckt nicht die Substanz auf, er zeigt nicht, wer in den Angriff geht und worin der Kampf für den Sozialismus besteht. Ein Arbeiter aus dem Donbass sieht seine Front um vieles einfacher und gesünder als Wertow. Er hat in seiner Arbeit Schwierigkeiten, aber auch Freude. Doch die Stoßarbeiter des Donbass sind in dem Film als finstere, geduckte Einzelgänger gezeigt." S. Walerin, *Sovetskoe iskusstvo*, 17. 2. 1931, dt. in: *Die ungewöhnlichen Abenteuer des Dr. Mabuse im Lande der Bolschewiki*, S. 158. Die Diskussion um Vertovs Film wurde über einige Ausgaben der Zeitschrift fortgeführt: am 17, 27. und 28. Februar, am 12. und 17. März.

Schatten von der Kamera weg. Dank des geneigten Aufnahmeapparats marschieren sie gen Himmel. Was passiert, wenn einer aus der Masse herausgehoben wird und sich synchron artikulieren darf? Die Rede eines Arbeiters wirkt so, als ob eine Photographie von Rodčenko zu sprechen beginnt. Für diese Photographie hat Vertov eine passende konstruktivistische Vertonung gefunden. Reportagehafte Elemente wie Interviews oder Reden werden im Film durch Tonbearbeitung zu hoch stilisierten Theaterszenen. Die letzten Sätze der Rede eines Stoßarbeiters und einer Stoßarbeiterin werden von einem unsichtbaren Chor nachgesprochen – mit artifiziellen rhythmischen Akzenten. Auch die Stimme aus dem Off bekommt in diesem Film eine eigenartige Anbindung. Sie wird mit der Statue eines Arbeiters verknüpft (oder unter die schwarze Leinwand gelegt): es spricht das schwarze Loch[58] oder der neue Komtur.

Teil 3 (Feuer) und 4 (Korn). Produktion als „ dynamische Geometrie der Bewegung“. Sieg des Konstruktivisten über den Wanderkünstler

Die Weiterentwicklung im Film erfordert eine Steigerung, die nicht mehr mit der Dynamik menschlicher Körper zu erreichen ist. Die Dunkelheit des Schachts weicht dem blendenden Feuer (in den Zwischentiteln wird aus der „Frontlinie“ eine „Feuerlinie“), und der Film erreicht einen hohen Grad an Abstraktion in der Darstellung der Produktionsvorgänge. Der dritte Teil wird wie ein Rondo gebaut – mit der Wiederkehr einer begrenzten Zahl visueller Motive, die sich zu einer Montagekomposition (A-A-B-A-B-A und A-B-C-A-B-C-A) in zwei symmetrischen Episoden von fast gleicher Länge zusammenfügen.[59]

Vertov beobachtet lange die sich wiederholenden Bewegungen der Stahlschmelzer (A-A-B-A-B-A). Das Hantieren mit den leuchtenden Metallschlangen in der Dunkelheit der Halle wird zu einem abstrakten Film: allmählich verlieren die konkreten Arbeitshandlungen ihre Eingebundenheit in den technologischen Ablauf. Die Körper der Arbeiter werden immer mehr fragmentarisiert, immer näher aufgenommen, und geraten zu abstrakten Teilen. Die Episode ist 130 Meter lang, und die Einstellungen werden immer kürzer geschnitten. Als Kulmination bewegen sich die leuchtenden Linien des Metalls selbständig im dunklen flachen Raum, so als ob die Anstrengungen der Stahlschmelzer ästhetischer Natur sind. Zu dieser gewonnenen Abstraktheit und Rhythmisierung wird die Losung montiert: „Für die Sache des

---

58 Dieser Effekt ist allerdings ein Produkt von heute, da die fehlenden Bilder mit 24 Metern schwarzen Vorspulbands ersetzt wurden.

59 Das rondoartige Prinzip wurde in der sowjetischen Presse auch kritisiert: „Zu den kompositorischen Mängeln des Films gehört die Vielzahl der oft wiederholten Einstellungen. Im Film sind verschiedene Prozesse durcheinander montiert. Stahlgießen, Koksverbrennung, das Bessemer-Verfahren – all das ist durcheinander gezeigt, wahrscheinlich wollte Wertow dem Zuschauer gar nicht eine genaue Vorstellung von den konkreten Arbeitsprozessen geben.“ S. Walerin, zit. nach: *Die ungewöhnlichen Abenteuer des Dr. Mabuse* …, a. a. O., S. 158.

Entuziazm, 1930

Sozialismus", was drei Stränge zusammenbringt: Stahl schmelzen, Kunst machen und Sozialismus errichten.

Diese Episode wird durch eine Eröffnungssequenz (120 Meter) vorbereitet, die drei Elemente in immer kürzer werdenden Einstellungen montiert: das Feuer lodert immer höher (ein Mann schüttet Kohle hinein); drei Männer heben gemeinsam einen schweren Hammer; in der Luft durchkreuzen die von unten aufgenommenen Seilbahnloren das Bild in einer Diagonalen (A-B-C-A-B-C-A …). Die Bewegungen der Männer werden immer früher abgeschnitten, bevor sie den höchsten Punkt erreichen; auch ihre Körper werden immer mehr fragmentarisiert. Die Zuschauer werden nicht mehr erleben, wo der angehobene Hammer landet (dies wird durch die Asynchronität von Bild und Ton noch verstärkt) oder wie die physische Anstrengung der halbnackten Körper mit dem Schweben der Loren und dem Auflodern des Feuers verbunden ist. Die Bewegungsphasen der menschlichen Körper und Maschinen bilden eine Art mechanisches Ballett, das durch seinen Rhythmus den Zuschauer in einen Trancezustand versetzen kann. Es geht um Bewegung an sich. Die Titel machen es deutlich: „Idut udarniki, idut entuziasty, idet metall, idet ugol, idet Donbas" (Es bewegen sich – Stoßarbeiter, Enthusiasten, es bewegt sich Metall, Kohle, der Donbass).

Wenn diese sich perfekt bewegende Maschinenwelt von einer dörflichen Idylle abgelöst wird (Teil 4: Pastorale), wirkt das wie eine ästhetische Herausforderung, die Vertov sich selbst stellt. Gelingt es ihm, den „Wanderkünstler"[60]-Charakter dieser

---

60   Die Wanderkünstler waren eine Genossenschaft russischer Maler, gegründet 1870, deren Mitglieder Sujets aus dem Leben des Volkes in der Tradition einer Milieumalerei darstellten und mit diesen Bildern Wanderausstellungen organisierten. Der Abbildcharakter ihrer Malerei wurde zum Ziel ständiger Angriffe seitens der Avantgarde-Künstler (Malevič, Eisenstein etc.).

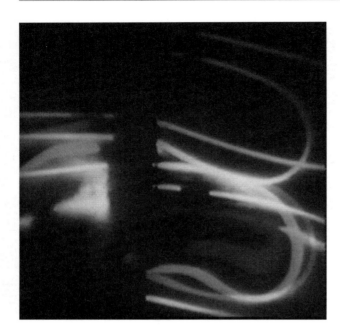

Entuziazm, 1930

nicht konstruktivistischen Motive und Modelle (die singende Bauerngemeinde, diesmal synchron; die Frauen mit den Harken; das Kornfeld, die Ernte) zu vermeiden
und sie zu konstruktivistischen Elementen seines Films zu machen? Gerade in diesem Teil dominieren die langen Synchronaufnahmen, was den illusionistischen Charakter der Pastorale unterstützt.[61] Vertov geht es offensichtlich nicht um die weib-
lich (Bodenbau) und männlich (kriegerische Nomaden) bestimmen Kulturtypen,
auch nicht um die Abbildung der Kollektivierung (oder das Verschweigen von deren
Tragödie), sondern um die Kunststile, die diese Kulturtypen produzierten: Natural-
ismus und Konstruktivismus. Zuerst zerstört er den „Wanderkünstlercharakter" seiner Pastorale durch eine Geräuschmontage: das synchrone Singen wird durch die
asynchronen Industrie- und Versammlungsgeräusche abgelöst. Das Rattern eines
Mähdreschers (synchron) unterdrückt die singenden Stimmen. Dann setzen sich
hier die konstruktivistischen Bildkompositionen durch: das Rad im Vordergrund
und die wehende Fahne im Hintergrund sorgen für eine Annäherung an die Einstellungen aus dem Teil 2 und 3. Diese Ton- und Bildlösung ist die reale Verbindung zwischen dem Dorf und der Werkhalle – nicht der ausgerufene Wettbewerb.

---

61 Seth R. Feldman gibt ihre Längen nach der von Kubelka restaurierten Kopie an: 2 mal 18 Meter „singende Frauen", 55 und 15 Meter „tanzende Frauen", 20 Meter für eine synchron gefilmte Versammlung, eine synchrone Aufnahme eines Mähdreschers, 30 Meter Blasmusiker etc. Vgl. Feldman, *Dziga
Vertov: A Guide to References and Resources*. Boston, Mass.: G. H. Hall and Co, 1979, S. 114.

Refrains

Die marschierenden Massen (Pioniere, Komsomolzen, Arbeiter, Militärs, Musiker, Demonstranten, Schaulustige) trennen die Teile des Films voneinander. Die Massenbewegung wird nicht nur als Realitätsfetzen (neue Rituale), sondern als kompositorisches Element behandelt. Die Bewegung der Menschen und Maschinen soll sich einer Formel fügen, egal ob die Einstellungen von Vertov inszeniert oder beobachtet wurden. Das Tondrehbuch bot eine rein formelle Äquivalenz, die die Industriegeräusche, Trommeln und die Marschmelodie vereint: ein Zweivierteltakt-Rhythmus, dem sich die Massen und diverse mechanische Geräusche fügen.[62]

Visuell wirken Vertovs Massenpantomimen anders als die Choreographien von Speer oder Riefenstahl: Dort wurden die Marschkolonnen zu Theater-, Sport und Militärmanövern auf riesigen Spielflächen mobilisiert und als ein dynamisches dekoratives Element, als eine liegende Säule, in den Raum der Effekte integriert, durch Gliederung, strenge Proportionen und Licht von einem Architekten gestaltet. Albert Speer *schrieb* die Bewegung des Massenkörpers wie ein Piktogramm in ein ornamentales Bauwerk ein, berechnete die Sicht darauf und die Wirkung der Aufstellungen im Voraus. Dort, wo die realen Akteure ihre Rolle nicht expressiv genug ausführen konnten, wo ein unästhetischer Körper sich der idealen Form widersetzte, musste er nachhelfen und kaschierte, was er konnte. Speer beschrieb die Geburt seiner Idee eines Lichtdoms als Notwendigkeit, den unästhetischen Körper des Volkes, das nicht so trainiert war wie Athleten oder Militärs, in der Dunkelheit zu verstecken und als Fackelumzug zu inszenieren.[63]

Bei Vertov behält die Massenbewegung ihren chaotischen Charakter, dabei sind es nicht die Sensationsereignisse auf der Straße, die die Schaulustigen zur Masse vereinen, sondern organisierte Demonstrationen: ihren spontanen Charakter strebt Vertov mit der filmischen Gestaltung zu suggerieren. Pioniere, Komsomolzen, Stoßarbeiter sind in Kolonnen geteilt und von Vertov gelenkt. Sie laufen im Zickzack, in Diagonalen (oder gegeneinander) durch das Bild wie belebte Statisten in den Bildern Aleksandr Deinekas. Doch diese Kolonnen werden jedes Mal von der Masse verschluckt, die das Bild füllt – und sich wie ein Kornfeld im Wind wiegt. Vertov benutzt bei der Darstellung der Masse nicht das Prinzip der Fragmentarisierung, das er beim Filmen der Produktionsvorgänge einsetzt. Der Kollektivkörper der Demonstration stellt keine geometrische Figur dar, und die Masse, die real den Raum der Stadt besetzt, wird nicht als ein ornamentales Element des Raums behandelt, sie füllt

---

62 Dieses Prinzip wurde erkannt, Arnheim schrieb: „Die Monotonie des Arbeitsrhythmus ist nicht mehr entnervender Stumpfsinn, sondern Kraft; plötzlich entdeckt man, wie ähnlich sie dem Marschtakt der revolutionären Kampflieder ist, und so tauscht Wertoff die Motive aus, begleitet die schreitenden Kolonnen durch das Stampfen der Maschinen und verkoppelt mit dem optischen Schwungtanz der Räder und Kolben den Gesang der Revolutionäre". Rudolf Arnheim, „Die Russen spielen", *Die Weltbühne*, Berlin, 27. Jg., Nr. 39, 29. 9. 1931.

63 Albert Speer, *Erinnerungen*, Berlin: Propyläen 1969, S. 71.

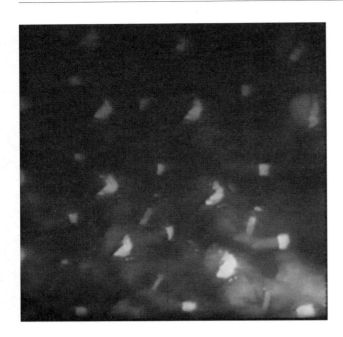

Entuziazm, 1930

den *ganzen* Raum der Einstellung ein – wie eine elementare Gewalt. Die Zeit der Sportparaden, die die dekorativen Beziehungen zwischen dem Massenkörper und dem Raum etablieren und von Aleksandr Medvedkin in *Die blühende Jugend* oder von Vertov in *Das Wiegenlied* gefilmt werden, ist noch nicht gekommen. Um die Spontaneität der Masse zu akzentuieren, ist die Bewegung bei Vertov um die wahrnehmbare Richtung gebracht. Die Pioniere laufen im Kreis, die Komsomolzen gehen auf die Kamera zu, die Arbeiter verschwinden im Himmel, die Stoßarbeiter marschieren von links nach rechts und in der nächsten Einstellung von rechts nach links. Das konkrete Ziel der Bewegung ist aufgelöst; es gibt kein Zentrum. Vertov folgt jenem Darstellungskanon, der bis Ende der dreißiger Jahre den sowjetischen Film prägt. Die Unterdrücker, die Feinde, beherrschen die „geometrische" Form: Kosaken in *Panzerkreuzer Potemkin* (1925), Schergen in *Die Mutter* (1926), Strafbataillone in *Čapaev* (1934), die deutschen Ritter in *Aleksandr Nevskij* (1938). Die revolutionäre Masse behält die Spontaneität und wird mit Naturgewalten verglichen – einem Eisgang, einem gewaltigen Wasserstrom, einer Schneelawine oder einem Kornfeld, wie der letzte Teil von *Enthusiasmus* zeigt.

Ton und Bild. Opposition, Aufhebung, Transformation

Enthusiasmus folgt den Losungen des ersten Fünfjahrplans, und doch ist es kein Dokument der stalinistischen Industrialisierung. Vertov machte die Bestimmung des neuen Mediums, den Ton, zum Sujet seines Films. Im Unterschied zu Eisenstein hatte er konventionelle Äußerungen zum Tonfilm gemacht, doch zeugt *Enthusiasmus* von einem höchst unkonventionellen Umgang mit dem neuen Gestaltungselement. Für Vertov ist die Entdeckung, ja Erschließung der Originalgeräusche und die emotional-assoziative Äquivalenz der Bild-Ton-Ebenen wichtiger als die von der Praxis seiner Zeit angestrebte Semantisierung ihrer Korrelativität: Für ihn ist die Fragestellung, ob die Geräusche oder Musik diegetisch/nicht diegetisch, synchron/asynchron, nah/fern usw. sind, völlig irrelevant, und gerade das machte ihn beim Komponieren seiner Symphonie frei. Er trennt (isoliert) beide Elemente, um sie dann neu zu kombinieren (was übrigens der Hauptgedanke von Eisensteins Tonmanifest war) und bezeichnet diese Kombination ganz im Geiste Eisensteins als eine „visuell-akustische Einheit der Gegensätze".[64] In der ersten Montagesequenz überprüft Vertov, ob das Visuelle und das Auditive einander ersetzen können: Das Gehörte erscheint als Bild. Vertov experimentiert auch mit der Doppelbelichtung der Tonspur, und auf diese Weise entsteht eine futuristische Simultaneität, die durch die asynchronen Bild-Geräusch-Überlappungen suggeriert wird. Der Ton der herabfallenden Kreuze in der Ouvertüre wird asynchron unterlegt, die Trennung des Gesehenen und Gehörten verdoppelt die Zahl der Stürze. Vertov ignoriert alle Unterschiede, die die natürliche Wahrnehmung zwischen dem Auditiven und Visuellen aufweisen kann (es lässt sich nicht genau sagen, ob die dumpfen Geräusche von Explosionen oder vom Aufprall verursacht sind, ob die Kuckuckrufe von einem Vogel oder einer Uhr kommen oder wem die Stimme im Off gehört, und deuten sie beliebig), er geht frei mit der Inkongruenz um und glaubt nicht, die Realitätsadäquatheit von Bild und Ton durch Konventionalisierung auffangen zu müssen. Der Ton ist hier nicht als Ergänzung des Realitätseindrucks, sondern als ein selbständiges Gestaltungselement eingeführt. Was Eisenstein theoretisch begründet, weist Vertov als etwas, „das kein ausgepustetes Ei wert ist", von sich, doch tut er dasselbe – intuitiv.

Vertovs *Enthusiasmus* war noch nicht begonnen, als Eisenstein die Partitur zur Vertonung der *Generallinie* (datiert mit 17. August 1929) entwickelte. Nach Eisensteins Vorstellung sollten sich einige Leitmotive durch den ganzen Film ziehen und etliche Transformationen erleben: Der Ton der Säge geht in Schluchzen oder animalisches Lachen über, die Fanfare in kreischendes Lachen oder in Kinderschreie. Die Kirchenprozession sollte als Geräuschsymphonie (!) gestaltet werden: Glocken,

---

64   D. Vertov, „Tvorčeskaja kartočka", in: Vertov, *Stat'i...*, a. a. O., S. 181. Arnheim begründete diese Trennung und Neuzusammenführung vom gestaltpsychologischen Standpunkt aus, vgl. „Neuer Laookon" (1938), in: Arnheim, *Kritiken und Aufsätze zum Film*, hrsg. von H. Diederichs, München: Hanser 1977, S. 82–83.

Atem, Summen; dabei sollte zunächst der Ton eingeführt, dann die Quelle des Tons gezeigt werden. Naturalistische Geräusche sollten zusammen mit musikalischen Klängen geschnitten und deformiert werden. Die Industrie soll durch ein slawisches Musikmotiv, die Ochsenhochzeit durch Jazz und Hawaii-Gitarre verfremdet werden, das Geräusch der Meeresbrandung wird mit einem Roggenfeld montiert und die Walze mit der Schreibmaschine. Überblendungen (slawische und amerikanische Rhythmen vermischen sich im industriellen Thema zum Bild eines Traktors); Überlappungen (Marfa wird unter den Geräuschen des animalischen Lachens aus der Szene davor zusammengeschlagen) und Kontraste waren vorgesehen. Leitmotive sollten kurz und einfach im Rhythmus sein, meinte Eisenstein, doch eine Entwicklung erfahren – in Klangfärbung, Tonintensität und Stimmung: das slawische Thema tragisch (Zersägen der Hütte), tragisch-lyrisch (Tod des Ochsen), abstoßend (animalisches Lachen) usw.[65]

Eisenstein und Vertov übernahmen diese Prinzipien aus der Programmmusik, doch ersetzen sie die Melodien durch Geräusche und testeten ihre Potenziale, wie es einst die Futuristen vorschlugen. Sie experimentierten (der eine in Gedanken, der andere am Schneidetisch), in wieweit ein visuelles Element durch ein auditives vertreten werden könnte – als Assoziation, als Ersatz von Rhythmus (Marsch und Maschinen), als Mittel der Subjektivierung. Beide übertrugen die Grundsätze der Arbeit mit dem Bild auf eine neue Ebene – den Ton: 1. Deformation; Beschleunigung, Verlangsamung, Rückwärtslauf (das weist auf das Urphänomen des Films hin, eines Mediums zur Aufzeichnung der Bewegung, das frei mit dieser Bewegung umgeht und sie beschleunigen, verlangsamen, zurückdrehen kann); 2. Doppelbelichtung und Überblendung, willkürliche Variabilität der Stärke des Klanges (die später als „Einstellungsgröße" der Tonaufnahme konventionalisiert wird); 3. Montage: a) alternierende Montage der Töne verschiedener Kategorien, hart geschnitten; Vertov gibt dem harten Schnitt den Vorzug;[66] b) Übergang durch Überblendung aus einer Kategorie in die andere; c) Aufbau der Leitmotive und ihre Deformation in komplizierten Kontrapunkten: als Elemente gleicher Art; in der Konfliktkopplung (Ton gegen das Bild; Wort gegen den Zwischentitel; Wort und Ton ohne Beziehung zum Bild); in Überblendungen und mehrfache Tonbelichtungen; in der Disproportion der Töne usw.

Laurent Julllier ordnet Vertovs Arbeit mit Ton zwischen dem futuristischen Bruitismus und der konkreten Musik Pierre Schaffers ein, die 1948 mit der Übertragung

---

65 Die deutsche Übersetzung der „Notate" hat H. J. Schlegel (in: Eisenstein, *Schriften*, Band 4, S.174–180) veröffentlicht, die russische Fassung in: *Roždenie zvukovogo obraza. Chudožestvennye problemy zvukozapisi v ekrannych iskusstvach i na radio* (Die Geburt des Tonbildes. Die künstlerischen Probleme der Tonaufzeichnung in den visuellen Medien und im Rundfunk, hrsg. von Elena Averbach, Moskau: Iskusstvo 1985, S. 193–197.

66 Allerdings hat sich diese Praxis der harten Tonschnitte, die man heute als cut-up bezeichnet, nicht durchgesetzt, und wich der weichen Überblendung.

von „Concert à bruits" im RTF geboren wurde.[67] Diese Reihe lässt sich erweitern: Vertovs Geräuschcollage erinnert an Experimente mit Industriegeräuschen des avantgardistischen Komponisten Arsenij Avraamov („Symphonie der Fabriksirenen", die 1922 in verschiedenen russischen Städten die Oktoberfeierlichkeiten begleitete) und der Anfang des zweiten Teils stellt eine solche Symphonie dar; erinnert weiter an die frühen sowjetischen Hörspiele, wie „Dneproges", die als „Tonfilme" bezeichnet wurde und mit Industriegeräuschen arbeiteten;[68] an die Tonfilme aus dem Jahr 1930, in denen vereinzelt auch von Vertov benutzte Techniken auftreten;[69] an Ruttmans ‚Film ohne Bild‘ („Week-end", 1930)[70], und breiter an die Experimente der Futuristen zur Erweiterung der Sinnesempfindungen, zur Findung und Bestimmung der neuen Tonerlebnisse eines Menschen der Moderne. Luigi Russolo war der erste, der die „Übersetzung" eines Geräuschs in ein Musikinstrument ablehnte (wie es Aleksandr Mosolov in seiner Komposition „Stahlwerk" von 1928 tat, indem er die Maschinen mit den Mitteln der traditionellen Instrumente imitierte). Dagegen schlug er in seinem Manifest „Die Kunst der Geräusche" (1913) vor, sich an jene Klangmasse zu wenden, die noch nicht von der Kunst erfasst wurde.[71] Die mechanische Welt der Moderne konfrontierte die Menschen mit neuen Lauten, und das Ohr für sie musste erst geöffnet und erzogen werden (genauso wie das Auge erzogen werden musste, um Simultanität und Geschwindigkeit wahrzunehmen). In der erwähnten Diskussion um *Enthusiasmus* wurde Vertov der quälende Lärm, der „unmenschliche" Charakter seiner Töne vorgeworfen, worauf der Regisseur, sich verteidigend, antwortete, dass er sehr wohl eine Differenzierung zwischen dem Lärm („Ich mache keinen Lärm") und den Geräuschen anstrebte, die er als Gestaltungsmittel eingesetzt hatte, um sie von der Musik zu unterscheiden, aber auch gleichzeitig als eine „differenzierbare Größe" in die Erfahrungswelt einzuführen (wie es einst

---

67 Leider gibt er in seinem Artikel (Anm. 42) der konkreten vergleichenden Analyse der Werke keinen Raum.

68 Es gibt bisher keine Untersuchung über einen möglichen Einfluss von Vertovs Arbeit mit dem Ton in *Enthusiasmus* auf diese frühen Hörspiele. Das veröffentliche Drehbuch von *Pusk Dneprogesa* (Start von Dneproges, 1932) lässt einen solchen vermuten, in: *Istoriia sovetskoj radiožurnalistiki. Dokumenty. Statji. Vospominaija*, hrsg. T. M. Gorjaeva, Moskau: MGU, 1991, S. 154–160.

69 Abram Rooms *Plan velikich rabot* (Plan der großen Taten), zu dem Avraamov und Timofeev u. a. die Musik schrieben, allerdings wurden hier Sirenen- und Maschinengeräusche künstlich hergestellt; Vladimir Erofeevs *Olimpiada iskusstv* (Olympiade der Künste), Jakov Poselskij *Process prompartii* (Prozess der Industrie-Partei) und Ilja Kopalin *Derevnja ili odin iz mnogich* (Ein Dorf oder einer von vielen). Eric Schmulevitch projiziert Vertovs Film auf diese Arbeiten: „Enthousiasme pour la symphonie du „Bon Boss", in: *Vertov: l'invention du réel*, a.a.O., S. 59–97.

70 Ich fand keine Äußerungen Vertovs zu „Week-end", obwohl er das Stück während seines Aufenthalts in Deutschland durchaus hören konnte. Über Ruttmanns *Melodie der Welt* äußerte sich Vertov sehr kritisch, vgl. seine Rede auf der ersten Konferenz zum Tonfilm, 25.–31. August 1930. Russ. in: *Iz istorii kino*, vyp. 8, S. 178–179. Es lohnt sich Vertovs *Donbass* mit Ruttmanns *Acciaio* (Stahl, 1933) zu vergleichen.

71 L. Russolo, *The Art of Noises*, translated from the Italian with an introduction by Barclay Brown New York, Pendragon Press 1986.

mit der Herauslösung temperierter Töne – c, d, e – geschah, die jetzt als Musik wahrgenommen werden).[72]

Im Unterschied zu Eisenstein, der die Tonmöglichkeiten in „Zigeunerromanzenfilmen" testete (gemeint war offensichtlich *Romance sentimental*, 1930), öffnete Vertov für die Kunst eine neue (Ton-)Welt. Sein Film-Auge hat die visuellen Phänomene der modernen Welt (Geschwindigkeit, Fragmentarisierung, Simultaneität, Pulverisierung) erfasst,[73] nun hilft das Radio-Auge dem menschlichen Ohr, jene Geräusche, die es nicht wahrnimmt, zu isolieren und für die Wahrnehmung zu präparieren. „Die Geräusche im Film sind nicht monoton. Sie sind ungewöhnlich." Doch ungewöhnlich, meint Vertov, sind diese industriellen Geräusche nur für die Unerfahrenen; die Arbeiter können ganz genau zwischen den Geräuschen unterscheiden; für sie sind diese Maschinengeräusche sinnerfüllte Zeichen, die eine semantische und soziale Bedeutung haben.[74] Vertov blieb in seinem Herangehen ein Futurist, der die menschlichen Sinne – die visuellen und akustischen – zu erweitern suchte, ein Pionier nicht nur des ‚neuen Sehens', sondern auch des ‚neuen erweiterten Hörens'. Wie die Diskussion aus dem Jahr 1931 zeigt, waren die Zuschauer noch nicht mit den Sinnen ausgerüstet, um den Film wahrzunehmen. Vertovs erstes wahrnehmungserzieherisches oder „prothetisches" Tondokument hatte sich über die nicht perfekten Sinne des Menschen hinwegzusetzen, so war sein Werk in einen utopischen medialen Raum delegiert. Wie in seinen früheren Filmen, so wurde auch hier der perfekte Zuschauer/Hörer während der Filmvorführung geschaffen – als dessen Konsument und Produzent (der Dirigent, die Radiohörerin = Bildhauerin, die Masse).

Der Toneinsatz in *Enthusiasmus* testet die Äquivalenzmöglichkeiten und bereitet den nächsten Film vor, die *Drei Lieder über Lenin*, der dieses Prinzip auf mehreren Ebenen (Schrift – Stimme – Bild) ausbaut. In *Kinoglaz* (1924) versuchte sich Vertov in der Substituierung einer Aufzeichnungstechnik durch eine andere, indem er die Zwischentitel nicht nur als Schrift und Grafik begriff, sondern sie auch für Klangassoziationen einsetzte, als Aufzeichnung eines Lauts in der Schrift, die die Geräusche, das Stottern oder einen chinesischen Akzent wiedergaben. Auch der Donbass-Film realisierte sich im Wechsel zwischen den Wahrnehmungsrezeptoren und Aufzeichnungstechniken. Nur der freie Wechsel zwischen Bild, Klang und Schrift sicherte Vertov die notwendige strenge Gestaltung des Chaos akustischer und visueller Eindrücke. Die Töne lösen Bildassoziationen aus (deshalb zaubert die Glocke eine Krone) und können genauso wie das Film-Auge – frei von Zeit, Raum und Kausa-

---

72 Vertov nutzt das Bild als wahrnehmungspädagogisches Mittel. Zunächst visualisieren die menschlichen Körper die Maschinengeräusche (Gymnastik-Szene); dann erleben wir Synchronaufnahmen der arbeitenden Mechanismen, die uns beibringen, Geräusche zu differenzieren; am Hochofen sind Bild und Ton (eine Collage aus Maschinen – und Versammlungsgeräuschen) wieder asynchron.

73 Vgl. Malevičs Analyse der Vertov-Filme, in: Kasimir Malewitsch, *Das weiße Rechteck. Schriften zum Film*, Berlin: PotemkinPress 1997.

74 2091-2-417, l.59 und l. 84.

lität – Zusammenhänge herstellen, die wir in der Realität nicht erleben. So etabliert Vertov zwischen Ton und Bild eine magische (und falsche) Kausalität.

Traditionellerweise wird die Ouvertüre separat von den anderen Teilen des Films behandelt, und man findet nicht die semantische Kopplung zwischen diesem Teil und der weiteren Entwicklung des Films – abgesehen vom Verfahren der Asynchronität. Die Ouvertüre lieferte nicht nur einen Anstoß für die weitere Entwicklung der *Donbass-Symphonie*, sondern sie hat auch radikal Vertovs Denkweise verändert. Die formelle Opposition (Ton/Bild, Ohr/Auge) bestimmt die Struktur der Ouvertüre, ihre Elemente zeigen sich transformationsfähig: das Gehörte kann gesehen werden; die Ton/Bild-Opposition wird im Kontrapunkt des Tonfilms aufgehoben. Gleichzeitig können die Elemente einander ersetzen, gerade diese Operation wird von Vertov semantisiert und auf andere Oppositionen des Films übertragen, so dass die Konfrontation von Kirche/Klub, Kohle/Metall, Metall/Feuer, Korn/Masse als ihre jeweilige Verwandlung erlebt werden kann: Kohle → Metall, Metall → Feuer, Korn → Masse. Da am Ende jedes Teils ein Massenkörper als Refrain eingesetzt wird, sieht die ganze Struktur so aus:

1 Ton → Bild, Ohr → Auge, Radio → Tonfilm; Kirche → Klub → Masse,

2 Kohle → Metall → Masse,

3 Metall → Feuer → Masse,

4 Korn → Masse.[75]

Vorangetrieben wird diese semantische Kette durch die neue Sinnesorientierung, die vom Ton ausgelöst ist. *Drei Lieder über Lenin* übertragen das gefundene Prinzip auf die semantische Ebene, und der Film entfaltet sich wie eine ununterbrochene Multiplikation der binären Oppositionen, die letztendlich im Übergang der Gegensätze ineinander aufgehoben werden: eine Blinde wird sehend, das Trockene wird feucht, das Unfruchtbare fruchtbar, aus Wasser wird Licht, aus dem Tod – Leben.[76]

---

75 Vertov betonte selbst in dem Diskussionsbeitrag zum Film („Sovetskoe iskusstvo", Anm. 30), dass diese drei Elemente – Masse, Musik und Industrie – seinen Film konstituieren, und die Verbindung zwischen ihnen durch den gleichen Rhythmus hergestellt ist.

76 Vgl. meine Analyse des Films in dem Text: „Die Gartenbank oder wie ein ikonischer Diskurs entsteht", in: *Kultur in Stalinismus. Sowjetische Kultur und Kunst der 1930er bis 1950er Jahre*, hrsg. von Gabriele Gorzka, Bremen: Themmen 1994, S. 198–205.

Lenin bei der Vseobuch-Parade am Roten Platz, Moskau. 25. Mai 1919

Die kinetische Ikone in der Trauerarbeit: Prolegomena zur Analyse eines Sprachsystems

ANNETTE MICHELSON

Am Beginn von Erwin Panofskys Vorträgen zur Bestattungskultur, die 1964 unter dem Titel *Grabplastik* erschienen sind, findet sich folgende einleitende Passage:

> „Ein Kunsthistoriker kann sich dem Gegenstand dieser Ausführungen nur mit großen Vorbehalten nähern. In dem Moment, wo er den Fuß in das Gebiet so vieler Nachbardisziplinen setzt (klassische und orientalische Archäologie, Ägyptologie, Religionsgeschichte und Geschichte des Aberglaubens, Philologie und mehrere andere), muß er sich weitgehend auf Quellen zweiter Hand verlassen, und er sieht sich nicht selten einer Vielfalt von Meinungen gegenüber, zuweilen über ernste und dringliche Fragen, die abzuschätzen er als Außenstehender sich nicht anmaßen kann. [...] Es macht die Dinge schlimmer, daß es kaum ein anderes Feld menschlicher Erfahrung gibt, wo rational unvereinbare Glaubensformen so leicht zusammen fortbestehen und wo vorlogische, man möchte fast sagen metalogische, Gefühle noch in Perioden fortgeschrittener Zivilisation so hartnäckig überleben, wie in unserer Haltung gegenüber den Toten."[1]

Für meinen Vorschlag einer Lektüre von *Drei Lieder über Lenin*, jenem Monument filmischer Hagiographie, muss ich mir dieselbe apologetische Haltung zu Eigen machen, vielleicht sogar mit noch stärkeren Vorbehalten. Denn die Filmwissenschaft als Disziplin ist auf ein noch breiteres Spektrum etablierter Forschungsfelder angewiesen (dazu gehören Kunstgeschichte, Linguistik und Psychoanalyse). Außerdem verbindet sich hier die vorlogische Irrationalität unvereinbarer Glaubensformen in Bezug auf den Tod mit den Widersprüchlichkeiten jenes Fetischismus, der der Institution Film innewohnt.

Wie dem auch sei, ich beginne nun – und zwar mit zwei Zitaten: Das erste stammt aus der anti-ikonoklastischen Doktrin, die das Orthodoxe Konzil im Jahre 787 veröffentlicht hat: „Ein Abbild Christi stellt Ihn als Menschen dar; wer solche Abbilder ablehnt, reduziert das Mysterium der Inkarnation auf ein Phantom."

Den zweiten Text, der der Filmwissenschaft weitaus geläufiger ist, entnehme ich Roland Barthes Text *Die helle Kammer*: „So schließt das Leben eines Menschen, dessen Existenz der unseren um ein weniges vorausgegangen ist, in seiner Besonderheit gerade die Spannung der GESCHICHTE, ihre Abspaltung mit ein. Die GESCHICHTE ist hysterisch: sie nimmt erst Gestalt an, wenn man sie betrachtet – und um sie zu betrachten, muss man davon ausgeschlossen sein."[2]

---

1   Erwin Panofsky, *Grabplastik. Vier Vorlesungen über ihren Bedeutungswandel von Alt-Ägypten bis Bernini*, Köln: DuMont 1964, S. 9.

2   Roland Barthes, *Die helle Kammer*, Frankfurt: Suhrkamp 1985, S. 74–75.

Unter Dziga Vertovs Filmen nimmt *Drei Lieder über Lenin* eine besondere Stellung ein. Er ist der einzige Film Vertovs, der in der Sowjetunion unmittelbare, einhellige und anhaltende Zustimmung erfuhr. Seine weite Verbreitung und sofortige Aufnahme in den Kanon offiziell gebilligter Filme führte 1962 zur Veröffentlichung von N. P. Abramovs schmaler illustrierter Monographie über Vertov im Verlag der sowjetischen Akademie der Wissenschaften. Weniger der Text als vielmehr die Tatsache seiner Veröffentlichung weckt unsere Aufmerksamkeit, weil sich damit der Eindruck bestätigt, dass die Rezeptionsgeschichte dieses Films einzigartig ist.

Vertov selbst jedenfalls war nach dessen freundlicher Aufnahme im Jahre 1934 bemüht, die Kontinuität zwischen diesem Film und seinen früheren Arbeiten zu betonen, Arbeiten, die in der Sowjetunion bekanntlich ein Jahrzehnt lang umstritten waren. Und so notierte er: „Um die *Kinopravda* über Lenin herzustellen – sogar in den Grenzen des durch die Aufgabenstellung streng beschränkten Themas – war es erforderlich, die gesamte vorangegangene Erfahrung des Filmens mit dem Kinoauge, das gesamte erworbene Können zu nützen; unsere gesamte zurückliegende Arbeit zu diesem Thema zu erfassen und aufmerksam zu studieren."[3] Und dann erklärt er: „Um jede Unwahrheit auszuschalten, um jene Einfachheit und Klarheit zu erreichen, die die Kritik an den *Drei Liedern über Lenin* vermerkt hat [und man bemerkt die Zweifelhaftigkeit der Billigung, die in dieser Anerkennung steckt], war eine Montagearbeit von außerordentlicher Komplexität erforderlich. In dieser Hinsicht hat die Erfahrung von *Der Mann mit der Kamera*, die Erfahrung von *Ein Sechstel der Erde*, die Erfahrung von *Enthusiasmus* und von *Das Elfte Jahr* unserer Produktionsgruppe große Dienste erwiesen. Diese Filme waren so etwas wie ‚Filme, die Filme erzeugen'."[4]

Die gesamte Produktion der Kinoki-Gruppe, die Vertov als Vorsitzender ihres „Rats der Drei" zwischen 1924 und jenem Zeitpunkt, der uns hier beschäftigt, organisierte und verwaltete, erfolgte im Auftrag von bestimmten Behörden, mit bestimmten Zielen. So entstand *Vorwärts, Sowjet!* (1925) beispielsweise im Auftrag des Moskauer Sowjets, um den Fortschritt zu demonstrieren, der beim Aufbau der neuen Verwaltungshauptstadt des sozialistischen Staates unmittelbar nach der Revolution gemacht wurde. *Ein Sechstel der Erde* (1926) war ein Auftrag des Gostorg, des Außenhandelsbüros. *Das Elfte Jahr* (1928) feierte zehn Jahre Fortschritt bei der Elektrizitätsgewinnung durch Wasserkraft; und *Enthusiasmus* (1930), Vertovs erster Tonfilm – und bis heute auch der Film, der die Verwendung von konkretem Ton am weitesten vorantrieb – ist ein Loblied auf den stachanovistisch beschleunigten Fortschritt in Bergbau und Landwirtschaft im Don-Becken. *Der Mann mit der Kamera* (1929) ist einzigartig in Vertovs vollständig autonomer, metafilmischer Huldigung des Filmemachens als Produktionsweise und, wie ich an anderer Stelle erwähnt habe,

---

3   „Ich möchte eine Erfahrung weitergeben", (1934), in: Dsiga Wertow, *Aufsätze, Tagebücher, Skizzen,* hrsg. v. Sergej Drobaschenko, Berlin: Filmwissenschaftliche Bibliothek, 1967. S. 186.

4   Ebd., S. 188.

als epistemologische Untersuchungsweise.[5] Für *Drei Lieder über Lenin,* ein Auftragswerk zu Lenins zehntem Todestag (das natürlich nur eines von vielen solcher Aufträge war) schlage ich eine Lesart vor, die sich auf die Lokalisierung der präzisen Bedeutung dieses Ereignisses richtet, auf seine politische Funktion innerhalb der historischen Situation der UdSSR in den 30er Jahren. Dieser Lokalisierungsversuch erfordert eine Reihe von psychoanalytisch begründeten Überlegungen, die sich über eine Vielfalt künstlerischer und diskursiver Praktiken erstreckt: Gewiss werde ich ausführliche Beschreibungen, wie sie eine solche Lesart erfordert, ausklammern müssen. Ein paar Einzelheiten aus Vertovs eigener Darstellung dieser Produktion möchte ich dennoch hervorheben:

> „Es mußte versucht werden, unbekannt gebliebene und unveröffentlichte Aufnahmen des lebenden Lenin ausfindig zu machen. Das wurde mit größter Geduld und Hartnäckigkeit von meiner Assistentin, Genossin Svilova [Vertovs Cutterin und Mitglied des ‚Rats der Drei', dem außerdem noch Michail Kaufman angehörte], gemacht, die zum zehnten Todestage Lenins zehn neue, von ihr aufgefundene Filmaufnahmen des lebenden Lenin melden konnte. Zu diesem Zweck hat Genossin Svilova in verschiedenen Städten der Union mehr als 600 Kilometer Positiv- und Negativmaterial studiert.
>
> Es mußten Dokumente über den Bürgerkrieg ausfindig gemacht werden, denn unser Film *Die Geschichte des Bürgerkrieges* erwies sich als in verschiedene ungleichartige Fassungen zerfallen und war unter verschiedenen Titeln in die Lager eingeordnet, und es gelang nirgends, ihn in unangetasteter Form zu entdecken.
>
> Wir mußten versuchen, die echte Stimme Lenins [von der einen, erhaltenen Aufnahme] auf Film zu überspielen, was dem Toningenieur Štro [Autor der bemerkenswerten Tonspur von *Entuziazm*] nach einer ganzen Reihe von Versuchen auch gelang.
>
> Es mußte große Arbeit zur Auffindung und Aufnahme von turkmenischen und usbekischen Volksliedern über Lenin geleistet werden. Es mußten neben Synchronaufnahmen eine ganze Reihe von stummen Aufnahmen in verschiedenen Gegenden der Sowjetunion gemacht werden, angefangen bei der Wüste Karakum bis zur Ankunft der Männer von der Tseljuskin in Moskau.[6]
>
> Und alles das nur, um die Vorarbeit zur Montage zu leisten, das gesamte erforderliche Material zu sammeln.
>
> Dann wurde das Material einer speziellen Bearbeitung im Laboratorium unterzogen, mit dem Ziel, Bild- und Tonqualität zu steigern."[7]

Hier ist also ein Film, der sich in seiner Kombination von Archivmaterial und neu gedrehten Aufnahmen – letztere sowohl stumm als auch mit Synchronton – über die

---

5   Vgl. meinen Aufsatz „The Man with a Movie Camera: From Magician to Epistemologist", in: *Artforum*, Vol. X, Nr. 7, Februar 1971, S. 60–72; auch in: *Dziga Vertov zum 100. Geburtstag. Maske und Kothurn*, 42. Jg., Heft 1, 1996, S. 54–74.

6   Name einer berühmten arktischen Expeditionsgruppe, deren stark verspätete Rückkehr Anlass allgemeiner öffentlicher Freude war.

7   „Ich möchte eine Erfahrung weitergeben" in: Dsiga Wertow, *Aufsätze, Tagebücher, Skizzen*, a. a. O., S. 186 f.

Grenze zwischen Ton und Stille hinweg erstreckt. Sein Diskurs wird durch wortreiche Zwischentitel sowie durch Musik und Sprache vorangetrieben. In einem Text mit dem Titel „Ohne Worte" erklärt uns Vertov:

> „Insgesamt waren auf Tonband – aufgenommen an Liedtexten, Dialogen, Monologen, Leninreden u.a. mehr als 10.000 Worte. In den Film gekommen sind nach Montage und Endbearbeitung etwa 1.300 Wörter (1.070 in Russisch und die übrigen in anderen Sprachen). Dessen ungeachtet hat H.G. Wells erklärt: „Auch wenn Sie mir nicht ein einziges Wort übersetzt hätten, ich hätte den Film ganz, von der ersten bis zur letzten Einstellung verstanden. Alle Gedanken und Nuancen dieses Films kommen bei mir an und wirken auf mich ganz unabhängig von den Worten."[8]

Vertov verwendet, wie wir gesehen haben, ausgiebig Archivmaterial, das Lenins politischen Weg und sein Begräbnis dokumentiert. Dieses Material wurde zwischen 1919 und 1924, also in der Zeit unmittelbar nach der Revolution, von der Arbeitsgruppe Kinoki unter der Leitung von Vertov, Kaufman und Svilova gedreht. Die den Film bestimmende Trope etabliert eine dreiteilige Struktur, angeregt von der volkstümlichen Tradition des Klageweibs: drei Lieder, gesungen von Frauen aus den östlichen (moslemischen) Republiken und der Ukraine zu Ehren ihres toten Befreiers, des Führers und Initiators einer international unterstützten Revolution in *einem* Land.

Es bleiben drei Elemente zu erwähnen. Das Mittelstück dieses Triptychons mit der Beerdigung Lenins, von Vertov und seinen Mitarbeitern 1924 gedreht, zeigt uns ein Gruppenportrait der Revolutionsgeneration (zusammengestellt gemäß dem 1934 herrschenden Kanon): Lunačarskj, Džersinskj, Kalinin, Krupskaja, Clara Zetkin und, natürlich, Stalin. Gerade in diesem Abschnitt wird das vorhandene Material durch die Verwendung filmspezifischer optischer Verfahren kunstvoll variiert: Schleifenkopierung [*loop printing*], Bildüberlagerungen, Einfrieren des Bildes, Mehrfachkopieren einzelner Kader [*stretch printing*] , verlangsamte Bewegung.

Vertov ist ein Meister dieser Prozesse: in zahlreichen, heute berühmten Texten hat er sie als die Ursprünge seiner filmischen Arbeit dargestellt.

> „Ich erinnere mich an meinen ersten Auftritt in der Kinematographie. Er war sehr merkwürdig. Er bestand nicht in einer Aufnahme, sondern darin, daß ich aus einer Höhe von anderthalb Stockwerken, vom Pavillon bei der Grotte in der Kleinen Gnesdnikovskij-Gasse 7 herabsprang.
> Der Kameramann hatte den Auftrag, meinen Sprung in der Weise zu fixieren, dass mein ganzer Flug, mein Gesichtsausdruck, all meine Gedanken usw. zu sehen wären. Ich trat an den Rand der Grotte, sprang, gestikulierte wie mit einem Segel und ging weiter."[9]

Dann beschreibt er das Ergebnis. Was Dziga Vertov in den Aufnahmen sah, war Furcht, Unentschiedenheit im Ansatz, wachsende Entschlossenheit, ein etwas ängstlicher Sprung, das Gefühl des Gleichgewichtsverlusts, die feinen Abstimmungen des

---

8   „Ohne Worte", ebd. S. 182.
9   „Drei Lieder über Lenin" und „Kinoglas", ebd., S. 189.

Clara Zetkin bei
Lenins Begräbnis
1924, aus: *Drei Lieder
über Lenin*, 1934

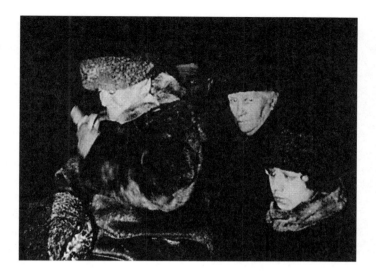

Körpers beim neuerlichen Bodenkontakt, der Schock des Aufpralls und ein leichter Anflug von Enttäuschung. Da sah er, was er *Kinopravda* nannte: eine davor nicht zugängliche, vom Kameraauge enthüllte Wahrheit. Film erschien ihm daher als das radikal neue und entscheidende Forschungs- und Analyseinstrument. Damit war er nicht allein. Unter seinen Zeitgenossen der Periode nach dem Weltkrieg (u. a. Elie Faure, Sergej Eisenstein, Walter Benjamin und Jean Epstein) gab es eine allgemein geteilte epistemologische Euphorie, die Theorie und Praxis des Films dieser Zeit beflügelte. Als ein Beispiel zitiere ich Jean Epsteins Sicht: „Nehmen sie einen Mann, dem man ein Verbrechen vorwirft, filmen sie ihn in Zeitlupe, und sie werden die Wahrheit in seinem Gesicht enthüllt sehen."

Aber Epsteins Anliegen ging darüber noch hinaus. Er behauptete, dass die vielen einzigartigen Eigenschaften, die der Film der Darstellung der Dinge verleihen kann, bislang kaum oder gar nicht beachtet worden waren. Kaum jemand hatte bemerkt, dass „das filmische Bild eine Warnung vor etwas Monströsem in sich birgt, ein subtiles Gift, das die ganze rationale Ordnung korrumpieren könnte, welche man sich so gewissenhaft als Bestimmung des Universums vorstellt."

In der Überwindung dieser rationalen Ordnung sieht er die Chance des eigentlichen wissenschaftlichen Fortschritts.

> „Etwas zu entdecken heißt, zu begreifen, daß die Dinge nicht das sind, wofür wir sie gehalten haben; zuerst muss man sich von dem augenscheinlich Gesicherten des etablierten Wissens freimachen. Wenngleich nicht gesichert, so doch immerhin fassbar ist, was uns als seltsame Perversion erscheint, als überraschende Eigenwilligkeit, denn die Überschreitung, der Übergang zu den belebten Bildern der Leinwand bringt uns vielleicht einen weiteren Schritt der schrecklichen Unterseite der

Dinge näher, was selbst für Pasteurs Pragmatismus etwas Furchterregendes hatte. […] Der Kinematograph scheint ein geheimnisvoller Mechanismus zu sein, mit dem sich die falsche Genauigkeit von Zenos Argumentation über den Pfeil neu bewerten lässt; er dient der Analyse jener subtilen Metamorphose vom Stillstand zur Bewegung, vom Leeren zum Massiven, von der
Diskontinuität zur Kontinuität – eine ebenso verblüffende Transformation wie die Schaffung von
Leben aus unbelebten Elementen.“[10]

Vertovs Auffassung, dass sich in seinem Zeitlupensprung ins Leere Wahrheit selbst
enthüllt, bestimmt die Auswahl der so genannten Anomalien des filmischen Prozesses, die in *Der Mann mit der Kamera*, jener Summa der filmischen Techniken und Errungenschaften der Stummfilmzeit, zur Synthese gebracht werden. In diesem Film
hat Vertov am deutlichsten jene Strategien ausformuliert, die in seiner begeistert vorgetragenen Analyse der filmischen Darstellung mobilisiert wurden und seine Theorie
und Praxis ein ganzes Jahrzehnt lang geprägt hatten. Hinzukommt eine weitere Strategie, auf deren Bedeutung sowie bedeutsames Fehlen in *Drei Lieder über Lenin* wir
hinweisen wollen: jene der Umkehrung von Bewegung, die Vertov in unvergleichlicher Weise von seinem ersten Film an (*Kino-Glaz*, 1924) als heuristische Strategie
entwickelt hat. Die berauschenden Freuden des Schneidetisches (und die zunehmende Verbreitung des Videorecorders, der sie inzwischen einem großen Teil unserer
Bevölkerung zugänglich macht) vermitteln durch Wiederholung, Beschleunigung,
Verzögerung, Standbild und Weiterlauf sowie Rücklauf jenes Gefühl von Kontrolle,
das sich vom Kitzel der Macht nicht trennen lässt. Roland Barthes stellt fest, dass die
Geschichte zweigeteilt ist, und zwar nicht durch die Erfindung des Kinos, sondern
durch die der Photographie. Wir halten eher dafür, dass die Geschichte schon oft geteilt wurde (und die Welt schon oft am Ende war), und dass das Entstehen des Kinos einen dieser tiefen Einschnitte darstellt: die Euphorie, die man am Schneidetisch
verspürt, ist die einer sich schärfenden kognitiven Aufmerksamkeit und einer spielerischen Souveränität; sie wurzelt in der tiefen Befriedigung einer kindlichen Omnipotenz-Phantasie und hat sich jenen erschlossen, die seit 1896 so wie niemals zuvor in der Geschichte der Menschheit mit dem Kontinuum der Zeitlichkeit und der
Logik der Kausalität gespielt haben.

Diese Anomalien setzte Vertov nun für die Konstruktion eines filmischen Denkmals ein, und zwar in der Art eines Begräbnis-Ritus mit all seinem düsteren Dekorum, der zu den Beschwörungen der Klageweiber und der romantische Musik des
19. Jahrhunderts, Chopins und Wagners, vollzogen wird. Ich werde sodann behaupten, dass *Drei Lieder über Lenin* in seinem Lobgesang auf den „Befreier auf Erden“,
in seiner beharrlichen Verwendung von Bildern des alltäglichen Lebens – Lenin korrigiert ein Manuskript, begrüßt eine Arbeiterdelegation, empfängt von Kindern einen Blumenstrauß, schlendert und plaudert im Hof des Kremls (all diese Bilder wurden Kader für Kader katalogisiert, mit einem Inhaltsverzeichnis versehen und

---

10   Jean Epstein, *Ecrits sur le cinéma*, Paris: Seghers 1973, S. 257–263.

Lenin bei einer Sitzung des
3. Kongresses der Kommunistischen Internationale im Kreml,
Moskau. 28. Juni 1921

zusammen mit Datum und Herkunftsangabe in einem weit verbreiteten Band des Marx-Lenin-Instituts wieder veröffentlicht)[11] – der Anordnung der Bildwerke entspricht, die in der im 10. Jahrhundert nach Russland gelangten byzantinischen Kunst mit ihrer traditionellen Verehrung von Heiligen und Märtyrern, des Heilands und Erlösers, ihren Ursprung hat. Überdies verstärkt der Einsatz dieser Alltagsbilder im Mittelstück des filmischen Triptychons, das von den Huldigungsbekundungen der klagenden Hinterbliebenen, der Frauen der sozialistischen Republiken flankiert wird, diesen Eindruck noch. Ich bin sogar versucht zu behaupten, dass Reihung, Anordnung, Dimension und Funktion der *Drei Lieder über Lenin* diesen Film zu mehr als einer kinetischen Ikone machen: Er ist eine veritable Ikonostasis.

Beginnen wir mit der einfachsten, unstrittigsten Ansicht, dass die Ikone in der Ostkirche die Darstellung einer heiligen Person ist, und dass diese Darstellung selbst an der Heiligkeit des Dargestellten teilhat; welcher Art diese Partizipation ist, muss noch genauer beschrieben werden. Nach Methodius, dem Patriarchen der orthodoxen Kirche, wird das Bild zwar verehrt, aber nicht angebetet. Man huldigt ihm, aber vergöttert es nicht – eine feine Unterscheidung.[12] Die Ikone, erneut eine vorläufige

---

11   Lenin, *Sobranie fotografi i kinokadrov*, Bd. II, Kinokadry, 1918–1922, Moskau: Iskusstvo 1972.

12   „Wir bewahren die Gesetze der Kirche so, wie wir sie von unseren Vorfahren übernommen haben, wir malen Bilder und verehren sie mit Herz und Mund […] Bilder von Christus und den Heiligen. Ver-

Ikonostasis, Kathedrale St. Sophia, Novgorod,   Simon Ušakov. Eine Version des *Bildes Jesu*
16. Jahrhundert   *Christi. Nicht von Menschenhand geschaffen.*
                                                                          Spätes 17. Jahrhundert

Behauptung, verdankt manches den ägyptischen Totenportraits, die so in den Mu-
miensärgen platziert sind, dass sie von innerhalb der Mumienbandagen aus gesehen
werden können. Das Ebenbild, Double oder Ka spielte im Grab die Rolle eines mys-
tischen, Leben spendenden Bildes. Es diente als Bindeglied zwischen der entwiche-
nen Seele und dem in der Gestalt der Mumie konservierten, verlassenen Körper. (Wir
kennen heute dank Nina Tumarkins brillanter – und witziger – Studie über das Entstehen des Lenin-Kults die gesamte Geschichte von Lenins Mumifizierung und
deren Rolle bei der Bildung dieses Kults.)[13]

An dieser Stelle könnten wir fragen: „Worin unterscheidet sich eine Ikone von
einem Portrait?“ Angemessener aber wäre zunächst die Frage: „Worin gleicht sie
einem Film?“, um dann einen Teil der Antwort auf die erste Frage in der Antwort auf
die zweite zu finden.

Wie Filme bedürfen auch Ikonen besonderer Sorgfalt in der Konservierung, häu-
figer Restaurierung und konstanter Temperatur. Die russische Ikone wurde im All-

---

ehrung und Anbetung der Bilder rühren von ihrem Vorbild her: so lautet die Lehre Gottes, der wir
folgen, und im Glauben flehen wir Christus an! Vom Herrn gesegnet …“, Methodius, 6. Gesang der
Matutin zitiert nach Egon Sendler, *L'icône: image de l'invisible*, Paris: Desclée de Brouwer 1982, S. 36.

13 Nina Tumarkin, *Lenin Lives!*, Cambridge, Massachusetts: Harvard University Press 1984.

Die Jungfrau Hodegetria von Georgien, Leningrad. Erste Hälfte des 16. Jahrhunderts

Der heilige Georg und der Drache, mit 14 Szenen, Leningrad. Frühes 14. Jahrhundert

gemeinen zur Ausstellung an einer bestimmten Stelle, in einer Kirche oder einem Haus, gefertigt. Die Forschung zur Geschichte der Ikone ist sehr jung, beginnt sie doch erst im 19. Jahrhundert. Und obwohl die Tradition gezeigt hat, dass die schönsten Ikonen gerade diejenigen sind, die man einem bestimmten Künstler zuschreiben kann (die *théorie de l'auteur* wirft hier ihren Schatten), entwickelte sich die Produktion hin zu einer Arbeitsteilung, so dass sich im 17. Jahrhundert der berühmte Simon Ušakov auf das Malen von Gesichtern spezialisierte. Um diese Zeit hat sich auch aus den früheren, einfacheren Episoden die narrative Ikone entwickelt, sowie das Portraitbild als komplexere narrative Form.

Interessanter und vielleicht vielsagender als all dies ist jedoch eines der auffallendsten Merkmale der Ikone: Der Einschluss dessen, was verschiedentlich als *oživka* (von *oživat*, „erleuchten"), *dvižka* (von *dvigat*, „bewegen") oder *svetik* („kleiner Schimmer") bezeichnet wird; all diese Ausdrücke bezeichnen jenen Schimmer in der Pupille des Auges, der ihr Licht verleiht und durch Licht Bewegung und durch beides zusammen den Anschein von Leben oder Präsenz im Portrait der Ikone. Zu den formalen Bestandteilen der Ikone gehören außerdem die Idealisierung der körperlichen Erscheinungsformen, Feierlichkeit, rhythmische Wiederholung, die episodenhafte Darstellung des Heiligen- oder Märtyrerlebens sowie Ansichten vom täglichen Leben des Heiligen gemeinsam mit Freunden, Stiftern, Kindern, Verehrern,

Trauernden und Schülern. Betont werden soll natürlich auch die Rolle des Textes, der Inschrift, Titel, Nomenklatur. So beispielsweise *Unsere liebe Frau vom brennenden Dornbusch*; *Die Jungfrau Hodegetria (Die uns den Weg weist)*; *Unsere liebe Frau von der Lichtwolke: Lenin, der Eisbrecher*; *Lenin, der Überbringer des Lichts* (im Zuge der Elektrifizierung, die den Aufbau des Sozialismus zur Vollendung führen wird, und aus der Vertov in seinem Werk so viele visuelle Metaphern entwickelt hat).

Schließlich soll noch auf den Stellenwert jener Ikonen hingewiesen werden, die unter allen als die heiligsten gelten und dem Wesen der heiligen Reliquie am nächsten kommen: die acheiropoietische, im Russischen *nerukotvornij* genannt. Diese Bilder werden nicht von (Menschen-)Hand gefertigt, sind nicht gemalt, sondern angeblich aus dem Kontakt mit einer heiligen Person und ihrer Emanation hervorgegangen – vergleichbar etwa jenen „vom Pinsel der Natur"[14] gezeugten, die in den letzten Jahren des 19. Jahrhunderts von den Brüdern Lumière durch Bewegung zum Leben erweckt wurden.[15] Auf dem Glauben, dass das *nerukotvornij*-Bild in einem paradigmatischen Fall, dem Turiner Grabtuch, über einen besonderen Status verfügt, hat bekanntlich André Bazin seine Film-Ontologie errichtet.

Ich behaupte, dass wir hier von der Transformation einer christlichen Thematik, nämlich der vom Märtyrer und Heiligen, vom Heiland und Tröster, im Rahmen einer leninistischen Ikonographie sprechen können, die zwar quer durch die gesamte Sowjet-Kultur vollzogen wurde, ihre unmittelbarste und kraftvollste Artikulation jedoch in Vertovs textuellem System findet. Sowohl von Lenin als auch von Gregor dem Grossen heißt es: „Universelle Wohltaten werden immer und überall verkündet – sie lassen die Toten auf der Erde leben." Vertovs Assistentin Elizaveta Svilova fiel die Aufgabe zu, Fragmente der Filme, der Aufnahmen des lebenden Lenin überall in der Sowjetunion zu suchen, zu sammeln und zu konservieren. Das stellt Vertov, wiederum in einem anderen Text fest. Darin würdigt er die große Geduld und Ausdauer der Svilova bei der Entstehung dieses Werks, in dem, wie er sagt, „das Bild ‚Lenin ist der Frühling' den gesamten Film durchzieht und sich parallel zu anderen Themen entwickelt".[16] Gleich der Helena auf der Suche nach dem Wahren Kreuz wird die Svilova als jene gepriesen, die Reliquien vom lebenden Lenin zusammengetragen hat.

In der orthodoxen Kirche ist das Allerheiligste (der Altarraum), wo die Eucharistie gefeiert wird, vom übrigen Kirchenraum (dem Mittelschiff), in dem die Gemeinde steht, durch die Ikonostasis getrennt.[17] Diese besteht aus mehreren Reihen von Ikonen, die sich meist zu einer festen Holzwand zusammenfügen. Die Ikonostasis wird von drei Türöffnungen durchbrochen. Wenn es geöffnet ist, erlaubt das

---

14   A. d. Ü.: Michelson spielt hier auf Fox Talbots *The Pencil of Nature* an.

15   Bei der Behandlung des acheiropoietischen Bildes habe ich mich unter anderem auf die Darstellung von Ernst Kitzinger gestützt, in: W. Eugene Kleinbauer, Hrsg., *The Art of Byzantium and the Medieval West: Selected Studies*, Bloomington: Indiana University Press 1976.

16   „Der jüngste Versuch", in: Dziga Wertow, *Aufsätze, Tagebücher, Skizzen*, a. a. O., S. 200.

17   Zur Geschichte der Ikonostasis in der russisch-orthodoxen Kirche vgl. Nathalie Labrecque-Pervouchine, *L'iconostase: Une évolution historique en Russie*, Montreal: Editions Bellarmin 1982.

Lenin bei der Vseobuch-Parade am Roten Platz, Moskau. 25. Mai 1919

große Mitteltor (das Königstor), durch das nur der Priester und der Herrscher eintreten dürfen, einen Blick auf den Altar. Der Eingang ist durch Doppeltüren versperrt, hinter denen ein Vorhang oder Schleier hängt.

Die Bedeutung jedes Bestandteils des orthodoxen Kirchenraums leitet sich aus seinem architektonischen Ort und seiner Funktion innerhalb der Liturgie ab. Das Wechselspiel zwischen der immateriellen und der sinnlich erfahrbaren Welt wird durch Altarraum und Mittelschiff angezeigt. Gleichzeitig bilden diese beiden Teile ein unteilbares Ganzes, in welchem das Immaterielle dem Sinnlichen als Vorbild dient und den Menschen an den Sündenfall gemahnt. Für den heiligen Simeon aus Thessaloniki entsprach der Narthex der Erde, der Kirchenraum dem Himmel und das Allerheiligste dem, was jenseits des Himmels ist. Dem entsprechend sind alle Gemälde in der Kirche – besonders jene, die die Ikonostasis bilden – dieser Symbolik folgend arrangiert.

Die Wand vor dem Altarraum kam ursprünglich aus Byzanz nach Russland. Zunächst befand sich unmittelbar über dem Königstor eine Ikone des Erlösers, flankiert von der Gottesmutter zur Rechten und Johannes dem Täufer zur Linken. Diese bilden die so genannte Deesis. Der Erlöser und die Gottesmutter gelten als Mittler zwischen Himmel und Erde und nehmen daher eine zentrale Stellung in der Ikonostasis ein. Entsprechend steht denn auch die Ikonostasis selbst an der Grenze zwischen dem Menschlichen und dem Göttlichen. Es wäre nun das Ziel eines ausführlicheren Projekts – und wird es auch tatsächlich sein –, eine Untersuchung der kinetischen Ikonostasis als einer Grenze, sowie, wie bereits vorgeschlagen, als einer Homologie zu den hier beschworenen Architektur- und Bild-Modellen durchzuführen.

Ich werde jedoch der Versuchung widerstehen, dieser Homologie hier weiter nachzuspüren, um stattdessen einer anderen Fragestellung nachzugehen, die von der

besonders komplexen Konvergenz von Ikonischem und Indexikalischem in *Drei Lieder über Lenin* nahegelegt wird, eine Untersuchung, die ich im Moment für dringlicher halte – verlockender auf jeden Fall. Da sich hier ein ganzes Bündel von Problemen auftut, kann ich nicht hoffen, mehr zu tun als ein paar Möglichkeiten aufzuzeigen, die unser Verständnis dieses Films weiter erhellen können. Ich komme sodann auf meine vorläufige Charakterisierung zurück, dass die Ikone auf irgendeine, wenngleich noch nicht näher spezifizierte Weise an der Heiligkeit der dargestellten Person teilhat.

Es ist offensichtlich, dass in meiner Verwendung des Begriffs der Ikone zwei Bedeutungen zusammenfallen – einmal bezieht er sich auf die Kategorie des Zeichens, das seinen Referenten portraitiert oder illustriert, und einmal auf das uns bekannte, hoch entwickelte Genre der byzantinischen und russischen Malerei. Doch dieser Lenin-Film, zusammengestellt aus Aufnahmen aus dem Leben des „Lebendigen Befreiers" (und das Wort *živ* bedeutet „am Leben", „lebhaft", „lebend" und „belebt"), dieses Werk, das sein Leben nach dem Tod verkündet, reflektiert nicht zuletzt einige formale und thematische Konventionen der *bildlichen* Tradition. Seine Form des Portraits und der Komposition erfordert eine Umwandlung von bildlichen Gestaltungsmitteln zu filmischen. Und natürlich: In der langen Sequenz, in der der Leichnam vor dem Begräbnis im Haus der Gewerkschaft aufgebahrt liegt, erkennen wir, um nur ein Beispiel zu nennen, einen Marientod (wie die Heilige Jungfrau, deren Schlaf ihrer Himmelfahrt vorangeht).

Die Vorstellung, dass die Ikone an der heiligen Präsenz der dargestellten Person teilhat, gründet in der Lehre von der Inkarnation, wie sie der Heilige Paulus formu-

Seite 60, links:
Auf dem Banner ist zu lesen:
Lenin – Unser Unsterblich

*Darstellung des Schweißtuchs
der Veronika*, Novgorod (?).
16. Jahrhundert

liert: Christus ist gleichermaßen Ebenbild und Emanation Gottes. Man müsste also sagen, dass Er die acheiropoietische oder *nerukotvornij-* Ikone par excellence ist. Das früheste historisch überlieferte Beispiel einer solchen, durch direkte Emanation hervorgebrachten Ikone ist das legendäre zeitgenössische Portrait von Christus, das wahrscheinlich für den König von Osrhoene, Abgar IV., gemalt wurde; man fand es 544 in der mesopotamischen Stadt Edessa und brachte es 944 nach Konstantinopel. Man nahm an, dass das Portrait nach dem lebendigen Modell gemalt war, da es im Gegensatz zum Schweißtuch der Veronika keine Dornenkrone zeigt. Und die erste Darstellung der Jungfrau Hodegetria (*Die uns den Weg weist*), vermutlich vom Heiligen Lukas gemalt, war von der Jungfrau selbst gesegnet worden. Diese frühesten Ikonen tragen das Mal der Kontiguität, Emanation ihres Modells; sie sind indexikalisch.

Neigt die Geschichte der westlichen Kirchenkunst mit signifikanter Beharrlichkeit zur illustrativen Funktion des heiligen Bildes, so sah Gregor der Große (600) in ihnen eine Schrift für die Analphabeten. Das war die große Debatte innerhalb der Ostkirche, die in der Theologie zum Bruch zwischen dem Primat der Offenbarung [*manifestation*] und dem der Darstellung [*representation*] führte. Auch wenn die Ikonoklasten die Bilder verbannten, so schmückten sie ihre Architektur doch mit ungeheurer Pracht; dem Ikonoklasmus galt die Mittlerrolle des Bildes als Hindernis auf dem Weg zur wirklichen Gegenwart Christi im Sakrament. Die westliche Kunst entwickelt sich zu einem System äußerst konstruierter und starken Konventionen unterworfener abbildender Darstellung. Aber die Realität der greifbaren Gegenwart des Göttlichen wird in der Ostkirche als theoretisch und spirituell vorrangig ge-

Lenin am Roten Platz während der
Parade der Vseobuch-Truppen,
Moskau, 25. Mai 1919

Seite 63, rechts:
Trauernde Frau, aus: *Drei Lieder
über Lenin* (1934)

genüber der Abbildung betrachtet. Zehn Jahrhunderte später wirft die Photographie
noch einmal die Frage der Ikone auf, des Bildes sowohl als Abbild als auch als unmittelbare Emanation; indem sie die Ikone wieder als Acheiropoieta oder *nerukotvornij*
präsentiert, nicht von Menschenhand gemacht, gestreift von jenem Licht, von dem
Plotin sagt, dass es allen Dingen Leben und Farbe verleiht. Die moderne Malerei
wird ihrerseits einen neuen Ikonoklasmus hervorbringen, mit Kandinsky, Malevič
und Mondrian, die allesamt Anthroposophen sind. Von ihnen wird sich allein Malevič in einer Debatte mit Eisenstein, auf die ich an anderer Stelle eingegangen bin,
mit dem Problem der filmischen Darstellung herumschlagen.[18] Schon der Titel von
Malevičs polemischem Text aus dem Jahre 1925 bringt die ganze Verachtung zum
Ausdruck, mit der er die Wiederauferstehung eines rückschrittlichen Systems der
Darstellung betrachtete: „Und Bilder triumphieren auf der Leinwand!"

Doch lässt sich nicht leugnen (und Malevič leugnet es ja auch nicht, er umgeht
das Problem einfach), dass jedes photographische Bild „eine Zeugenschaft der An-
wesenheit" ist, wie Roland Barthes darlegt, die ostentative Aussage „das ist gewesen".
Und wenn das Photo in einem Reich irgendwo zwischen Reliquie und Fetisch-Ob-
jekt existiert, dann bezieht es Kraft aus seinem Verhältnis zu seinem Referenten. Mit

---

18 Vgl. Annette Michelson, „Reading Eisenstein Reading Capital (Part 2)", *October*, Nr. 3, Spring 1977,
    S. 82–89.

seinem außergewöhnlichen Scharfsinn hat Epstein den epistemologischen Stellenwert des Ortes des unbewegten photographischen Bildes im Film erkannt (das französische Wort für Photographie lautet *instantané*); er hatte erkannt, dass das unbewegte Bild den Zeitfluss durchtrennt, eine Art Unterbrechung bewirkt und die Zeit für einen Augenblick zum Stillstand bringt, und dass das Kino, das sich auf den Nachbildeffekt gründet, unsere Unfähigkeit vergegenständlicht, diese Lücke in der Zeit zu denken.

Wenn das unbewegte, einzelne Bild aus seinem zeitlichen Bezugsfeld gelöst wird, wird es, wie es Philippe Dubois in seiner außerordentlich interessanten Arbeit *L'acte photographique* bezeichnet hat, zu einer Art ‚Thanatographie‘[19] Man kann also sagen, dass es in unsere Erfahrung von gelebter Zeit die Außer-Zeitlichkeit des Todes einführt. Und es ist genau dieser Umstand, der dem freeze frame und anderen filmischen Formen der temporalen Abweichung ihre besonders starke Wirkung verleiht. In den Fluss der filmischen Darstellung, jenem Erscheinungsbild der Zeitlichkeit selbst, können wir diesen Stillstand einfügen, der das anhaltende Einfrieren des Bildes als eine Art posthumes Leben inmitten des filmischen Flusses erscheinen lässt. Das solchermaßen vom Zeitfluss und vom narrativen Syntagma befreite Bild steht außerhalb der Zeitlichkeit. Und wenn es so lange gedauert hat, eine interessante

---

19 Philippe Dubois, *Der fotografische Akt*, Amsterdam: Verlag der Kunst 1998.

Trauernde Frau, aus: *Drei Lieder über Lenin* (1934)

Theorie des Photographischen zu entwickeln, dann lag das vielleicht daran, dass der Westen sich nur sehr widerwillig mit dessen Anklängen einer thanatographischen Funktion auseinandersetzen wollte und es deshalb anderthalb Jahrhunderte lang vor sich her schob.

Wenn wir uns nun wieder *Drei Lieder über Lenin* in Erinnerung rufen, diese ausgefeilte ikonischen Verherrlichung von Leben, Taten, Tod, Himmelfahrt und Nachleben des ‚Befreiers auf Erden‘ als Trauerarbeit, dann lässt sich unschwer jener Augenblick, jene Sequenz ausmachen, die die Trauerfunktion des Films am stärksten verdeutlicht. Ich werde gleich auf diese Sequenz zurückkommen, aber nicht bevor ich einige eher allgemeine Überlegungen über die Trauerarbeit – diese Trauerarbeit – in die Lektüre eingebracht habe.

Ich halte es für dringend notwendig, den Ursprung jenes Bestattungsrituals zu untersuchen, in welchem die Rolle des Klageweibes fester Bestandteil ist. Innerhalb der im Lenin-Film dargestellten ethnischen Gemeinschaften ist die Trauerarbeit eindeutig Frauenarbeit. Vertov schöpft aus der überaus reichen Tradition der mündlichen Lamentation, die sich durch die gesamte russische Literatur zieht und für seine eigene Generation, um die Klage für Lenin erweitert, von Majakovskij niedergeschrieben und veröffentlicht wurde.

Das Lenin Mausoleum am Roten Platz, Moskau. Oktober 1930

Die Bestattungs-Zeremonie und ihr Ausdruck in den sie begleitenden Lamentationen gehen auf Praktiken aus der Stammesordnung zurück, bei denen der Geist des Toten – des ermordeten Vaters – so sehr als potentielle Bedrohung empfunden wird, dass der Trauernde Schutz in der Magie suchen muss. Das Theater des Trauerns und des Gedenk-Rituals wird durch diese magische Handlung erzeugt. Auch wenn sie sich, wie die meisten Aspekte des gesellschaftlichen Lebens, mit dem allmählichen Verschwinden der Stammesordnung verändern und einen Prozess der Privatisierung durchlaufen, behalten sie immer noch Aspekte ihrer Ursprünge bei, der Riten und Sitten, die für die Stammesstrukturen charakteristisch sind.[20] (Eine klare und lebendige Darstellung davon finden wir übrigens in dem ethnographischen Meisterwerk von Kalatasov und Tretjakov, *Das Salz Svanetiens* [1930], einem Film, der sich starkes Missfallen seitens des Regimes zuzog, weil er jene Reste der Riten, die während der Periode des Fünfjahresplans im Kaukasus überlebten, mit großem Aufwand ins Bild setzte.)

Die komplizierten Bestattungsriten (Aufbahrung, Waschung und Einkleidung des Leichnams, die Beigabe von Nahrung, Getränken und anderen vermeintlichen

---

20 Vgl. Geza Roheim, *Social Anthropology*, New York: International University Press 1950, S. 358.

Annehmlichkeiten) und ihre vorgeschriebene Abfolge muss man als Akte eines
Sühneopfers sehen, die alle – worauf Geza Roheim hingewiesen hat – durch eine Ver-
leugnung der Genitalität bestimmt sind, die der Preis für die Aufnahme der Seele des
Verstorbenen ins Paradies oder in die Unsterblichkeit ist. Bestattungs- und Gedenk-
Zeremonie greifen der Art und Weise vor, in der die Hinterbliebenen die Toten zu
ehren und befrieden suchen, überzeugt von deren unsichtbarer und womöglich stra-
fender Präsenz. (Wir dürfen nicht vergessen, dass Lenin Opfer eines misslungenen
Mordanschlags gewesen war, der ihn ernsthaft geschwächt zurückließ.)

Der tote Lenin in Gorki. Jänner 1924

Die Gesänge, die Lamentationen, die Lieder, das Weinen, das Klagen, die Schreie und
andere Ausdrücke von Trauer waren darauf ausgerichtet. Denn Toten-Klagen waren
fester Bestandteil der russischen Beerdigungs-Zeremonie. Erfahrene Klageweiber, im
Weinen, Jammern, Schreien und Heulen versierte Frauen, waren im allgemeinen mit
Rang und Stellung der Trauernden und ihrer Zeremonie vertraut, denn sie richteten
sich nach genau festgelegten Regeln und Traditionen. Da die Begräbnisse einem

einigermaßen strengen Ablauf folgten, wurde für die Themen eine bestimmte Reihenfolge gewahrt und die Familienmitglieder angehalten oder aufgefordert, in die Lamentationen einzustimmen. Wir wissen, dass zusätzlich zu den Liedern, die von den professionellen Klageweibern vorgebracht wurden – ein jedes davon im Namen eines bestimmten Angehörigen – auch die engsten weiblichen Verwandten einen eigenen Klagegesang vortrugen. Tradionellerweise war dies ein Genre weiblicher Poesie; eine Art Fertigkeit, die man von den Frauen erwartete, eine vergleichsweise einfache, da in der Komposition des Klageliedes traditionelle Wendungen, Fürbitten und Formeln eine große Rolle spielten, von denen ein reicher Vorrat, wie es heißt, „unauslöschlich im Gedächtnis einer jeden gespeichert war, die im gleichförmigen Tenor der patriarchalen Ordnung lebte". Wir haben es also mit einer hochgradig kodifizierten Form des literarischen Ausdrucks zu tun.

Die berühmte Klagefrau Irina Andrejevna Fedosova vertraute E. V. Barson, einem Sammler von Folklore, mehr als 30 000 Zeilen Hochzeits-, Begräbnis- und Rekrutierungs-Klagen an.[21] Maxim Gorki beschrieb in seinem in den *Odessa Nachrichten* veröffentlichten Artikel „Das Klageweib" die Fedosova, nachdem er sie 1896 beim Jahrmarkt in Nisnij Novgorod getroffen hatte. Sie war über neunzig Jahre alt.

> „Doch ununterbrochen strömen Klagen – die Klagen einer russischen Frau, die ihr bitteres Schicksal beweint – von den trockenen Lippen der Dichterin; sie brechen hervor und wecken in der Seele einen so brennenden Schmerz, eine solche Qual, jede Note dieser wahrhaft russischen Motive geht dem Herzen so nah, karg in der Ausführung, keine wie auch immer gearteten Variationen – nein! Dafür aber voller Gefühl, Ernsthaftigkeit, Kraft und allem, was es heute nicht mehr gibt, was man in der Dichtung der Kunst-Praktiker und -Theoretiker nicht findet, weder bei Figner und Merežkovskij, noch bei Fofonov und Michailov oder all jenen, die Geräusche ohne jeden Inhalt von sich geben. Die Fedosova war erfüllt von der russischen Klage, denn sie lebte etwa 70 Jahre davon, das Leid des Lebens in den alten russischen Liedern zu besingen. […] Ein russisches Lied ist russische Geschichte, und die ungebildete alte Frau Fedosova, deren Gedächtnis 30 000 Verse gespeichert hat, versteht das weit besser als manch gebildete Leute."

Ikone und Totengesang. Nachdem ich nun die beiden wichtigsten Komponenten dieses Textsystems hervorgehoben habe, werde ich mich einem Beispiel seiner Funktion zum konkreten historischen Zeitpunkt seiner Produktion, also 1934 in der Sowjetunion, zuwenden. Die psychoanalytische Theoretisierung der Trauerarbeit ermöglicht es uns nun, ihre politische Bedeutung zu erfassen. Ich wende mich naturgemäß dem ersten Text Freuds zu diesem Thema, „Trauer und Melancholie", zu, den er 1915 entwarf und 1917 abschloss. Der Zeitpunkt seiner Entstehung fällt mit dem des Ersten Weltkriegs zusammen, und es lohnt sich, auf die Existenz eines zweiten Texts aus demselben Zeitraum hinzuweisen: „Zeitgenössisches über Krieg und Tod" (1915). Ich möchte jedoch, zusätzlich zu dem besonderen Interesse an der Theoretisierung der

---

21 Vgl. E. V. Barson, *Lamentations of the Northern Region*, Bd. I, 1872, Bd. II, 1882, Bd. III, 1886, Moskau. Den Hinweis auf diese Quelle verdanke ich Sally Banes.

Trauerarbeit, die in der ethnologisch geprägten Forschung von Geza Roheim fortgeführt wurde, nun auf Melanie Kleins Erweiterung der Freudschen Analyse als einer
Grundlage für die Bildung der depressiven Position eingehen.

Freuds Interesse galt in seinem ursprünglichen Text vor allem dem Wesen der
neurotischen Melancholie. Zu Beginn schlägt er daher den Versuch vor, „das Wesen
der Melancholie durch ihre Vergleichung mit dem Normaleffekt der Trauer zu erhellen". Trauer ist also der Hintergrund, der Ausgangspunkt für die Analyse der Melancholie.

> „Es ist auch sehr bemerkenswert, daß es uns niemals einfällt, die Trauer als einen krankhaften Zu-
> stand zu betrachten und dem Arzt zur Behandlung zu übergeben, obwohl sie schwere Abwei-
> chungen vom normalen Lebensverhalten mit sich bringt. Wir vertrauen darauf, daß sie nach einem
> gewissen Zeitraum überwunden sein wird, und halten eine Störung derselben für unzweckmäßig,
> selbst für schädlich. […] Die schwere Trauer, die Reaktion auf den Verlust einer geliebten Person,
> enthält die nämliche schmerzliche Stimmung, den Verlust des Interesses für die Außenwelt – so-
> weit sie nicht an den Verstorbenen mahnt, – den Verlust der Fähigkeit, irgend ein neues Liebesob-
> jekt zu wählen – was den Betrauerten ersetzen hieße, – die Abwendung von jeder Leistung, die
> nicht mit dem Andenken des Verstorbenen in Beziehung steht. Wir fassen es leicht, daß diese
> Hemmung und Einschränkung des Ichs der Ausdruck der ausschließlichen Hingabe an die Trauer
> ist, wobei für andere Absichten und Interessen nichts übrig bleibt. Eigentlich erscheint uns dieses
> Verhalten nur darum nicht pathologisch, weil wir es so gut zu erklären wissen. […]
>
> Worin besteht nun die Arbeit, welche die Trauer leistet? […] Die Realitätsprüfung hat gezeigt,
> daß das geliebte Objekt nicht mehr besteht, und erlässt nun die Aufforderung, alle Libido aus ihren
> Verknüpfungen mit diesem Objekt abzuziehen. Dagegen erhebt sich ein begreifliches Sträuben, –
> es ist allgemein zu beobachten, daß der Mensch eine Libidoposition nicht gern verläßt, selbst dann
> nicht, wenn ihm Ersatz bereits winkt. Dies Sträuben kann so intensiv sein, daß eine Abwendung
> von der Realität und ein Festhalten des Objekts durch eine halluzinatorische Wunschpsychose zu
> stande kommt. Das Normale ist, daß der Respekt vor der Realität den Sieg behält. Doch kann ihr
> Auftrag nicht sofort erfüllt werden. Er wird nun im einzelnen unter großem Aufwand von Zeit
> und Besetzungsenergie durchgeführt und unterdes die Existenz des verlorenen Objekts psychisch
> fortgesetzt. Jede einzelne der Erinnerungen und Erwartungen, in denen die Libido an das Objekt
> geknüpft war, wird eingestellt, übersetzt und an ihr die Lösung der Libido vollzogen. Warum diese
> Kompromissleistung der Einzeldurchführung des Realitätsgebotes so außerordentlich schmerz-
> haft ist, läßt sich in ökonomischer Begründung gar nicht leicht angeben. Es ist merkwürdig, dass
> uns diese Schmerzunlust selbstverständlich erscheint. Tatsächlich wird aber das Ich nach der Voll-
> endung der Trauerarbeit wieder frei und ungehemmt."[22]

Die Kleinsche Theorie unterrichtet uns, dass jeder Objektverlust den sadistischen
Triumph einer manischen Ordnung mit sich bringt, der vom bewussten Subjekt
schwer zu ertragen ist.[23] Gerade die Verweigerung oder Verleugnung dieses Triumphs

---

22 Sigmund Freud, „Trauer und Melancholie", in: *Gesammelte Werke*, Bd. X, Frankfurt: Fischer ⁴1967,
      S. 428–430.

23 Vgl. Melanie Klein, „Die Trauer und ihre Beziehung zu manisch-depressiven Zuständen" (1940) in:

blockiert – vorübergehend oder endgültig – die Trauerarbeit. Schuldgefühle wegen aggressiver Phantasien erklären die Trauerarbeit. Jeder Objektverlust holt nach Klein das ursprüngliche Subjekt des Objektverlusts erneut hervor, und wiederbelebt eine archaische Haltung oder Stufe des Ich: Die depressive Position.

Der Lektüre dieser theoretischen Texte will ich nun Vertovs Zwischentitel anfügen, wobei ich mich auf den Gesang oder die Klage aus dem dritten und letzten Lied konzentriere:

72. D R I T T E S L I E D (handgeschrieben)

73. „In Moskau …"

74. „Ah, in der großen Stadt aus Stein …"

75. „Auf dem Platz steht ein Zelt …"

76. „Das ‚Zelt', in dem Lenin liegt …"

77. „Geh in deinem Schmerz zu diesem ‚Zelt' …"

78. „Schau Lenin an … und …"

79. „Dein Gram wird sich wie in Wasser auflösen …"

80. „Dein Gram wird zerstreut werden wie herumfliegende Blätter …"

81. „Lenin vermag deinen Schmerz zu stillen …"

82. „Lenin gibt dir neuen Mut …"

83. Stalin, Lenins großer Schüler, setzt den Kampf fort …

84. Ein sozialistisches Land mit Luxus für die Massen aufbauen …

85. Die Maschinen sind nun unsere Waffe …

86. DNEPR – STAUDAMMBAU

87. Der weltgrößte Stausee zur Stromerzeugung …

88. „Wenn Lenin doch jetzt unser Land sehen könnte!"

89. „Wenn Lenin doch jetzt unser Land sehen könnte!"

90. „UNSER ERDÖL!"

91. „UNSERE KOHLE!"

92. „UNSER METALL!"

93. „Wenn Lenin doch heute unser Land sehen könnte!"

94. „UNSER MAGNITOGORSK …"

95. „Unser gewaltiger Baltisch-Weißmeer-Kanal …"

96. „Wenn Lenin doch jetzt unser Land sehen könnte!"

Gerade die Verknüpfung von theoretischem Text und Zwischentiteln ermöglicht mir, auf die präzise bedeutungsstiftende Funktion dieses Films aufmerksam zu machen, auf den Prozess der Historisierung, der aus dem Dokument ein Monument macht. Die Funktion des Monumentalen liegt nicht nur im Gedenken, sondern gewiss auch darin, den Toten endgültig zu bestatten und seine Rückkehr zu blockieren (der Stein, der aufs Grab gesetzt wird, um die Wiederauferstehung des Toten zu verhindern). *Drei Lieder über Lenin*, dieser innerhalb der Sowjetunion wohlwollend aufgenom-

Gesammelte Schriften, Bd.1, Teil 2, S. 159–200, und „Kriminelle Strebungen bei normalen Kindern" (1929), in: *Gesammelte Schriften*, Bd. 1, Teil 1, S. 257–282, Stuttgart: Frommann-Holzboog 1995.

mene Auftragsfilm, sollte einen Prozess veranschaulichen und zugleich abschließen; er sollte die Trauerarbeit für den verlorenen Führer vollenden, ihn ins erhabene Nichts emporheben (die Erscheinung Lenins, in Doppelbelichtungen und oftmals im Weichzeichner von einem Heiligenschein umgeben, rückt ihn in einen Raum transzendentaler Irrationalität). Weiter werden von Vertov filmische Anomalien, optische Verfahren wie Zeitlupe, Mehrfachkopieren einzelner Kader, Schleifenkopieren, Einfrieren des Bildes oder Umkehr der Laufrichtung des Films, die ursprünglich als ein Arsenal beim Angriff auf die herrschenden Verhältnisse und die Ideologie filmischer Darstellung dienten (in jener Entwicklung von der magischen zur epistemologischen Funktion), jetzt als ein eingestandenermaßen machtvolles Instrumentarium für die Aufarbeitung, das obsessive Durchspielen der Vergangenheit eingesetzt, für diese Arbeit der Wiederholung, Verzögerung, Ausdehnung, des Anhaltens, Freisetzens und Festhaltens, welche die Trauerarbeit charakterisiert; für das endlos variierte und mit tiefen Emotionen besetzte Bild des Gründers und Befreiers, des toten ‚Vaters‘. Und gerade in jenen Momenten des Films, in denen das Bild angehalten wird – jenes von Lenin und dem rasanten Vorrücken des „Zugs der Geschichte“ – empfinden wir innerhalb der filmischen Gestaltung dieses Werkes die Freilassung Lenins in die erstarrte Zeitlosigkeit des photographischen Bildes, das das Eingeständnis verkörpert, dass das geliebte Objekt tot ist und daher, wie Christian Metz es ausgedrückt hat, „als totes geliebt werden kann“.[24]

Diese Hervorhebung der Trauerphase und ihres Abschlusses, diese Überführung Lenins in das erhabene Nichts beschreibt letztlich den Raum, in dem „Der Winkende Ersatzmann“ jetzt als Nachfolger besetzt – inthronisiert – wird. Es scheint, als hätte Vertov in Erfüllung seines Auftrags (eines Jubiläumsfilms) die Gelegenheit genutzt, mit der Wiederaufnahme der Trauerarbeit eine national empfundene depressive Position aufzulösen und zu transzendieren, um sich im narzistischen Triumph der anstehenden Aufgabe, des gegenwärtigen Imperativs zu vergewissern: der Errichtung einer Industriemacht und Militärmaschinerie unter dem Parteiführer und Generalsekretär.

„The Kinetic Icon in the Work of Mourning:
Prolegomena to the Analysis of a Textual System“,
in: *October* 52, Spring 1990, S. 17–39 .

Aus dem Englischen von Klemens Gruber, Dominik Kamalzadeh und Michael Loebenstein

---

24   Christian Metz, „Foto, Fetisch“. In: *Kairos (Der Kairos der Photographie)*, Nr. 1–2, Mai 1989, S. 7.

Josef Stalin am Moskau-Wolga Kanal. 1937

Der Fund der *Kinonedelja* in Schweden

Anna-Lena Wibom

Zu Beginn möchte ich noch einmal die Bedeutung von Archiven betonen, die gerade im Fall Vertovs unschätzbare Arbeit geleistet haben: Denn Vertovs Filme wurden schon früh sehr strikt aus dem Vertrieb genommen. 1936 gab es eine Publikation mit dem Titel *Repertoire*, in der alle Filme, die zwischen 1917 und 1935 in der UdSSR produziert worden waren, in zwei Bereiche eingeteilt wurden. In der ersten Sektion fand man jene Filme, deren Vorführung empfohlen wurde: *Drei Lieder über Lenin* war der einzige von Vertovs Filmen, den man dort finden konnte. Es ist also den Filmarchiven zu verdanken, dass all diese Filme noch existieren, denn für die Behörden wäre es ein leichtes gewesen, sie endgültig „verschwinden" zu lassen, nicht zuletzt weil sie auf Nitrofilm gedreht waren, einem Material, dass sich quasi selbst zerstört.

Ich will nun über das Schicksal der frühen Filme Vertovs berichten, die sehr beliebt waren und die Menschen begeisterten. Diese Filme wurden gezeigt, um die Sowjetbürger einander vorzustellen – ich denke, das waren die Worte, die Vertov selbst verwendete. Die Sowjetunion umfasste zu dieser Zeit, gleich nach der Revolution, ein Sechstel der Erde: Sie war ein riesiges Land, eigentlich ein riesiges Konglomerat aus verschiedenen Ländern. Damals war es nicht so wie heutzutage, da jedermann lesen, schreiben und reisen kann.

In vielen Gegenden der Sowjetunion hatten die Menschen keine Ahnung von dem, was in anderen Teilen des Landes vor sich ging. So wusste man an manchen entlegeneren Orten drei oder vier Jahre nach der Revolution noch immer nicht, dass diese überhaupt stattgefunden hatte, da es keinen Kontakt nach Moskau oder Leningrad gab.

Vertov (mit Lederkappe)
als Leiter eines Kino-Waggons,
der gerade beladen wird

Dziga Vertov und seine Freunde reisten also mit dem Agitprop-Zug durch das Land, um diesen Zustand zu ändern. Vertovs frühe Filme, die den Sowjetbürgern Nachrichten aus ihrem eigenen Land verkündeten, wurden auch im Ausland gezeigt, denn man versuchte natürlich die Revolution auch über die sowjetischen Landesgrenzen hinaus zu verbreiten. So war es auch mit den 18 Ausgaben der *Kinonedelja* (*Filmwoche*), die in Schweden gefunden wurden. Sie waren der damaligen russischen Botschafterin in Norwegen, Alexandra Kolontaj, geschickt worden. Kolontaj war zwischen 1921 und 1923 sowjetische Botschafterin in Oslo, bevor sie in dieser Funktion nach Stockholm ging, wo sie bis 1949 blieb. Sie war eine bekannte Revolutionärin, manche nannten sie eine Anarchistin oder Trotzkistin. Sie verfasste feministische Bücher und war sozusagen eine Institution, wenn es darum ging, sowjetische Kunst und Künstler zu unterstützen. Ich glaube, es ist ihrem persönlichem Interesse zu verdanken, dass diese Filme zur Aufführung kamen: In den 20er Jahren wurden sie in der sowjetischen Botschaft in Stockholm gezeigt, manche von ihnen haben, wie ihnen vielleicht aufgefallen ist, noch norwegische Zwischentitel.

Wenige Jahre später wurden diese Filme politisch unopportun und auch technisch problematisch, weil sie auf Nitrofilm gedreht waren. Also lagerte man sie in den Räumen einer schwedischen Produktionsfirma, die von der Botschaft angemietet wurden. Dann wanderten diese Filme zu einer sowjetischen Freundschaftsgesellschaft, die mit ihnen auch nichts anzufangen wusste und die schließlich nicht mehr für die Räume zahlen wollte. Letztendlich gingen die Filme wieder an die Produktionsfirma zurück und hier blieben sie lange Zeit unbeachtet, bis das Fernsehen in den 50er Jahren aufkam und – hungrig nach Material – das ganze Konvolut aufkaufte.

Man verbrachte dann Jahre damit, die Filme zu katalogisieren und von Nitrofilm auf Zelluloid zu kopieren. Vertovs *Kinonedelij* wurden unter dem Titel „Sowjetische Wochenschauen" katalogisiert, genauso wie Hunderte andere Wochenschauen, die bis 1950 gedreht wurden.

Kinonedelja 1918

Ich bin auf die *Kinonedelij* aufmerksam geworden, als das schwedische Fernsehen 1967, zum 50. Jahrestag der Russischen Revolution, altes Wochenschaumaterial ausstrahlte. Ich war sehr berührt von dem, was ich da sah, denn ich erkannte darin die Bilder, die man zu dieser Zeit auf den Straßen in Stockholm, in Paris und überall sonst auf der Welt sehen konnte: die Studentenproteste und die Demonstrationen gegen den Vietnamkrieg. Also begann ich genauer hinzusehen und plötzlich konnte ich da das Wort *Kinonedelja* lesen. Das Fernsehen tat etwas, worüber sich Vertov immer beschwert hatte: sie haben sein Material zerstückelt und Teile davon in ihre Dokumentationen „eingearbeitet". Ich ging also zum Fernsehsender, durchforstete das Archiv, durchsuchte alle Karteien und fand schließlich diesen fantastischen Schatz.

Diese *Kinonedelij* entstanden 1918. Vertov war damals erst 22 Jahre alt. 1917 hatte Dziga Vertov ein kurzes Gedicht namens *Start* geschrieben, das folgendermaßen lautet:

> Nicht Pathé,
> nicht Gaumont,
> Nicht das,
> nicht darüber.
> Wie Newton
> Den Apfel
>   sehen!
> Der Welt Augen geben,
> Um einen gewöhnlichen Hund
> Mit Pawlows
> Auge
>   zu sehen!
> Ist der FILM Film?
> Wir **sprengen** den Film,
> Um
> FILM
>   zu sehen[1]

Vertov hatte von Anfang an sehr starke Vorstellungen von Veränderung. Er hatte bereits Dokumentarfilme von Pathé und Gaumont gesehen, die zu dieser Zeit ihre Büros in Moskau hatten. Elizaveta Svilova arbeitete bei der Pathé Gesellschaft, in einem Gebäude, das dann von den Sowjets übernommen wurde. Vertov kam dazu und hatte ursprünglich die Aufgabe, Untertitel zu schreiben. Er war zu dieser Zeit als Dichter tätig und hatte noch keinerlei Kenntnis von praktischer Kinoarbeit. Nach seiner mehrjährigen musikalischen Ausbildung am Konservatorium in Bialystok hatte er sich ein Tonlabor eingerichtet, in dem er Alltagsgeräusche, Gesang, Stimmen und Fabriklärm sprachlich imitierte und verschriftlichte, um daraus Geräuschcollagen zu machen.

---

1 Vergl.: Dziga Vertov, Tagebücher / Arbeitshefte, hrsg. V. Thomas Tode und Alexandra Gramatke; Konstanz: UKV Medien 2000. S. 200.

Mit dieser Erfahrung kam er nach Moskau. Die Revolution brachte natürlich auch neue künstlerische Ausdrucksweisen hervor und Vertov war fasziniert vom Film. Es war nicht zuletzt Elizaveta Svilova, die ihm viel beigebracht hat – sie war es auch, die alle seine Filme geschnitten hat. Bekanntlich hatten die beiden keine Kinder, aber Svilova sprach von ihren Filmen immer als ihren Kindern. Sie war für Vertovs Filmschaffen außerordentlich wichtig. Als ich sie einmal fragte, wessen Auge das „Kinoauge" auf dem von Rodčenko gestalteten Plakat des gleichnamigen Films ist, antwortete sie: „Oh das ist meines, immer mein Auge."

Sehr früh schon stellte Vertov Theorien über das „bewaffnete Auge" auf, über die Kamera, die die Welt erforscht. Zu Beginn waren seine Filme noch recht ‚primitiv' und statisch, Kamerabewegungen, Schwenks und Fahrten kamen erst später dazu. Für seine Wochenschauen hatte Vertov fünf Kameramänner: Eduard K. Tissé, der später für Eisenstein arbeiten sollte, Aleksandr G. Lemberg, Grigorij G. Giber, Peter K. Novickij und Aleksandr A. Levickij. Sie belieferten das Wochenschaustudio in der Gnezdnikovskijstraße mit Filmmaterial.

Zwischen 1918 und 1919 produzierten sie 43 Folgen der *Kinonedelja*, von denen wir im Westen heute nur mehr 18 kennen. Sie erschienen aufgrund mangelnden Rohmaterials nur unregelmäßig, nicht wie erhofft jede Woche. In der zweiten Hälfte des Jahres 1919 wurden sie eingestellt, da es überhaupt kein Material mehr gab. Wir dürfen nicht vergessen, dass damals Bürgerkrieg herrschte. 1922 nahm Vertov dann die Konzeption der Wochenschau in der *Kinopravda* wieder auf, jetzt allerdings als gestalterisch bestimmende Figur.

Aus dem Englischen von Aki Beckmann

Mitarbeiter der Abteilung für Agit-Instruktion 1920, in der Mitte Vertov

PETER KONLECHNER IM GESPRÄCH MIT ANTONIA LANT

Antonia Lant: Die Frage, die uns alle interessiert: Was hat Wien mit Vertov zu tun, und was führt Peter Konlechner und Peter Kubelka zu Dziga Vertov? Vertov war ja nie in Wien, obwohl er 1929 und 1931 Deutschland und andere Länder bereist hat. Wann und wo hat Ihre Beschäftigung mit Vertov begonnen?

Peter Konlechner: Ich habe damals auf der Technischen Hochschule einen Filmclub gehabt, dort zeigten wir Filme, die über das reine Studentenkino hinausgegangen sind. Nachdem ich Kubelka kennen gelernt hatte, haben wir eine Reihe begonnen, die wir Informationsprogramm nannten. Wir haben angefangen Archiv- und Avantgardefilme zu zeigen. Das war im Jahr 1963, also ein Jahr bevor wir das Filmmuseum gegründet haben. Und in diesem Programm kam es am Dienstag, dem 23. April 1963 zur ersten Vorführung von *Der Mann mit der Kamera*. Vorher ist der Film ja, soviel ich weiß, hier nur verfolgt worden; zumindest von der *Sinfonija Donbassa* weiß man das genau, da ist ja die Kopie von Ständestaat beschlagnahmt worden. Es wurden unglaubliche Vorwürfe gegen diesen Film gerichtet. Jedenfalls war das die erste Vorführung, in der ich den Film selbst gesehen habe. Kubelka, glaube ich, hat ihn vorher schon gekannt.

Lant: Was verbindet die Gründung des Filmmuseums mit Dziga Vertov?

Konlechner: Wir haben das Filmmuseum gegründet, weil wir beweisen wollten, dass es einen anderen Film gibt, als den der damaligen Kinoprogrammierung mit ihren synchronisierten Filmen. Wir wollten zeigen, wie man mit Film leben kann. Man braucht Anregungen, wenn man sich für eine Kunstgattung interessiert. Das Erlebnis ist ja das Primäre und nicht das, was irgendjemand darüber denkt. Cinematheken sollen dieses Erleben gewährleisten. Wir sind von der Fédération Internationale des Archives du Film (FIAF) sehr unterstützt worden, auch die Kopie von *Der Mann mit der Kamera* kam damals, glaube ich, von der dänischen Cinemathek. Igmonti war immer ein Anhänger der Avantgarde. Wir haben eigentlich gegen die Regeln der FIAF, die da sehr strikt war, Avantgardefilme importiert und das war eine der ersten Vorführungen.

Das Filmmuseum hat sich für Vertov interessiert, weil wir beide der Meinung waren, dass seine Filme zu den fortgeschrittensten gehören. Fortgeschrittenheit in dem Sinn, *wie* man sich im Film ausdrückt, das Sprechen der Filmsprache sozusagen. Was Vertov jedem vermittelt, insbesondere jedem Filmemacher, sind seine Einsichten, die er sehr früh hatte, die ja nirgendwo im Film weitergeführt werden. Oder fast nirgends. Peter Kubelka war einer der wenigen, die so ähnlich mit dem Ton gearbeitet haben, wie Dziga Vertov bei *Entuziazm*. *Entuziazm* ist bis heute einer der fortschrittlichsten Tonfilme. Ich erinnere mich an eine Begegnung mit Stan Braghage, dem wir in Wien *Entuziazm* vorgeführt haben. Er war völlig begeistert vom Umgang Vertovs mit dem Ton und als er erfuhr aus welchem Jahr der Film stammt, konnte er fast nicht fassen, was Vertov damals schon wusste.

Lant: Woher haben Sie die Filme überhaupt bekommen?

Konlechner: Da muss ich wieder auf die FIAF zurückkommen, die eine sehr wichtige Rolle in der Entwicklung des Filmmuseums gespielt hat. Oft ist das die Leistung bestimmter Personen. Es gab den Chef des russischen Archivs, der hieß Viktor Privatov, ein ganz wichtiger Mann. Privatov war schon sehr früh mit dem Film verbunden, er hat den Gosfilmofond gegründet, den Staatlichen Filmfond der UDSSR. Er war der Direktor des russischen Staatszirkus, der in der Kriegszeit nach Alma-Ata verlagert wurde, um ihn vor den Deutschen in Sicherheit zu bringen. Da blieb er bis Kriegsende und hat offenbar so gute Arbeit geleistet, dass sie ihn dort behalten wollten. Er hat aber gesagt, er ist ein Filmmann und will zurück. Und er hat dann eine wirklich unpolitische Außenpolitik gemacht. Niemals hat er uns Vorschriften gemacht, welche Filme wichtig sind oder uns die Filme angedient, die er eigentlich vertreten hätte müssen. Dank seiner Großzügigkeit haben wir eine sehr schöne Sammlung von russischen Filmen anlegen können, die vor dem Stalinismus entstanden sind, also vor 1934 ungefähr, als dann der Einfluss des Staates sehr groß geworden ist. Natürlich haben wir auch spätere, wie z. B. von Kulešov, der anfangs ein Avantgardist ist und dann ganz schlimme stalinistische Filme machen muss. Viktor Privatov hat uns also eine Starthilfe gegeben im Jahr 1964 – die FIAF ist da sehr streng, man muss nachweisen, dass man eine Filmsammlung hat. Kubelka und ich haben uns auf der Straße getroffen und wir haben gesagt, wir wollen eine Cinemathek gründen

Vertov-Ausstellung
im Österreichischen
Filmmuseum 1974:
Plakat des Vortrags
„Was ist Kino-Auge"
in München 1929

– dann haben wir gelacht, weil … wie? Wir waren keine Filmsammler, wir hatten keine Filme. Privatov war da sehr großzügig und hat der Versammlung gesagt, ich schenke denen 40 Filme, wenn sie Mitglied werden dürfen.

Lant: Unglaublich.

Konlechner: Noch dazu nach eigener Wahl, also nicht irgendwelche Propaganda-pamphlete.

Lant: Welche Rolle hat Jay Leyda gespielt?

Konlechner: Eine sehr große. Wir haben sehr frühzeitig mit Méliès und Eisenstein be-gonnen und haben eine riesige Eisenstein-Retrospektive gemacht. So sind wir natür-lich auch auf Jay Leyda gestoßen, der ja den besten study film über *¡Que viva México!* gemacht hat. Einen exemplarischen, der seine Achtung vor dem Regisseur zeigt.

Lant: Wo war Jay Leyda zu dieser Zeit?

Konlechner: Zu dieser Zeit, 1966, war Leyda schon im DDR-Archiv, glaube ich. Er war auch in China.

Lant: Er war überall.

Konlechner: Er war selbst immer Kommunist und als die Mc Carthy-Ausschüsse be-gannen, war er gerade Filmkurator des Museum of Modern Art in New York und hatte Angst, dass auch er vorgeladen würde. Daher ist er weg.

Peter Konlechner be-grüßt Elizaveta Svilova zur Eröffnung der Aus-stellung in Wien 1974; ganz rechts Sergej Drobaschenko, der Herausgeber von Vertovs Schriften

Jedenfalls hat er uns bei der Eisenstein-Retrospektive beraten und geholfen. Wir haben ihn natürlich gefragt, welche Filme für den Aufbau unseres russischen Archivs nun wirklich interessant sind. Lange bevor das Arsenal-Kino in Berlin Medwedkin und *Stschatje* gezeigt hat, war das bei uns schon ein Film der ersten Stunde.

Er hat uns viele Tipps gegeben, wir sind ihm sehr dankbar und haben ihn als Filmhistoriker sehr geschätzt. Als er Kurator im Museum of Modern Art war, hat er einige Stücke der *Kinonedelja* gefunden und zusammengestellt. Das war das erste *Kinonedelja*-Stück, das wir je gesehen haben.

Lant: Sie haben zu dieser Zeit Bekanntschaft mit Vertovs Frau gemacht. Geschah das über Jay Leyda? Wie haben Sie Frau Svilova kennen gelernt?

Konlechner: Ich versuche die ganze Zeit mich daran zu erinnern. Ich kann es nicht sicher sagen. Als wir Mitglied der FIAF geworden sind, waren wir in Moskau, da war zufällig der Kongress. Wir haben verzweifelt versucht, ihre Adresse herauszufinden aber wir sind auf eine Mauer des Schweigens gestoßen. Es gab kein Telefonbuch und im Jahre 1964 nach Vertov zu fragen war eine Provokation. Jeder hätte sich durch eine Antwort gefährdet. Ich weiß nicht, wie wir es schließlich herausgekriegt haben. Wir sind dann mit ihr in Korrespondenz getreten und es ist Frau Dr. Ziegler zu verdanken, dass das so gut geklappt hat. Sie war eine frühe Mitarbeiterin des Filmmuseums und hat sich mit Frau Svilova sehr angefreundet. Frau Svilova hat uns unter hohem persönlichem Einsatz immer wieder Dinge mitgebracht, sie hat auch unser

Vertov – Archiv angelegt. Auch Svilova war es wichtig gewesen, dass das Material zugänglich ist.

Wir haben bis jetzt darüber geschwiegen, weil wenn das Material in das Moskauer Archiv für Marxismus und Leninismus, wo es vor der Perestroika untergebracht werden sollte, gekommen wäre, so hätte man dort, wenn jemand etwas über Vertov wissen wollte, gesagt, es würde gerade bearbeitet.

Svilova wusste das ganz genau und hat uns deswegen die Sachen gegeben, weil sie sie woanders deponieren wollte. Ich schätze auch ihren Anteil an Vertovs Arbeit sehr hoch ein. Svilova war eine Kämpferin. Man hat ihr eine Ehrenrente angeboten, wenn sie die Filme dem Archiv für Marxismus und Leninismus gäbe. Sie hat zu mir gesagt: „Die haben uns nicht unterstützt, als es einen Sinn gehabt hätte. Jetzt brauche ich nichts mehr von denen". Sie war allerdings nicht antikommunistisch. Sie hat in sehr einfachen Verhältnissen gelebt.

Lant: Madame Svilova ist ja dann nach Wien gekommen. Wann war das, und wie kam es dazu?

Konlechner: Was Sie sich so sicher nicht vorstellen können ist, dass Frau Dr. Ziegler und ich subversiv agieren mussten. Wir haben versucht zu verstehen, wie diese Apparatschiks funktionieren. Es gab im April 1970 einen Lenin-Gedenktag, und so haben wir drei Tage lang Lenin-Filme gezeigt. Und da Svilova ja diese tausende Meter Film gesichtet und unglaublich viel von diesem Material gefunden hat, haben wir das

Elizaveta Svilova
Wien 1974

als Vorwand benutzt, sie einzuladen. Sie sprach dann über die Vertov-Filme. Bei diesem ihrem ersten Besuch gab es eine amüsante Episode. Im Taxi vom Flughafen nach Wien drückte sie mir mit den Worten „Ich hab' Ihnen etwas mitgebracht" einen Zettel in die Hand. Darauf stand in Vertovs Handschrift eine Anweisung, welche Musik zum *Mann mit der Kamera* gespielt werden solle. Ich war wie vom Schlag getroffen und konnte mir nur vorstellen, dass Vertov so zumindest hatte verhindern wollen, dass man als Begleitung halt den Schlager des Tages spielt, so etwas Ähnliches habe ich damals im Taxi geantwortet. Denn verhindern konnte er es sowieso nicht, dass sein Film mit Musik begleitet wird. So hätte er zumindest noch ein wenig Kontrolle darüber. Da hat sich ja übrigens nichts geändert; es kann ja heute noch kein Regisseur durchsetzen, dass seine Filme nur unsynchronisiert laufen. Die Svilova hat nur gelächelt. Später dann, bei ihrem zweiten Besuch in Wien anlässlich der Vertov-Ausstellung im Filmmuseum im Februar 1974 fragte sie mich, ob ich wüsste, dass sie mich damals „getestet" habe. Ich war natürlich ganz perplex. Sie habe wissen wollen, erklärte sie mir, ob ich wirklich einen Zugang zu Vertov habe, oder ob ich nur einer dieser „modischen Linken" sei, wie es sie ja im Westen zuhauf gab, die sich nur für die Agit-Züge interessieren. Daher der Zettel. Aufgrund meiner Reaktion darauf habe sie dann beschlossen, uns voll zu unterstützen.

Lant: Können Sie uns vielleicht etwas über die Rolle der Frau Furzewa, der damaligen sowjetischen Kulturministerin erzählen?

Konlechner: Hierzu eine kleine Anekdote, die sich wirklich zugetragen hat. Jene Furzewa kam einmal nach Wien, und die sowjetische Botschaft, die ihr einen glänzen-

den Empfang bieten wollte, rief in ihrer Verzweiflung jedermann an, da ja niemand kommen wollte – sie war als einigermaßen rüde bekannt. So wurde also auch ich eingeladen; ich sagte zu unter der Voraussetzung, eine Petition überbringen zu können, zu Gunsten der Svilova, dass sie die Filme ihres Mannes restaurieren darf. Das wurde mir gestattet. Ich wurde dann hingeschleppt zur Furzewa; sie hat den Brief in die Hand genommen, das Kuvert nicht aufgemacht, ihn nicht gelesen, und ihn demonstrativ auf den Boden geworfen. Zack. Und so ähnlich haben alle Versuche geendet. Gebetsmühlenartig sind wir Privatov bei jedem Kongress angegangen, Anna-Lena Wibom genauso. Wir wussten, dass niemand anderer als Svilova sie wiederherstellen könne; gerade diese Filme sind derartig entstellt. Als die Svilova bei uns war, hat sie Sachen Vertovs gesehen und nur gelacht über unserer Kopie von *Odinnadsatyj* (*Das elfte Jahr*) – bei dieser Kopie, die der Gosfilmofond in alle Welt vertreibt – sagte sie, sei das Ende in der Mitte und Teile drin, die überhaupt nicht hineingehören. Das ist bis heute so, denn niemand außer ihr wusste, wie er richtig aussieht; selbst mit Vertovs Schnittplänen, die wir ja von ihr bekommen haben, kommt man nicht weit. Man kann's probieren, aber … Auch bei der Version von *Kinoglaz*, die da vertrieben wird, ist ein falsches Ende angefügt worden. Es wäre also extrem notwendig gewesen, dass die Svilova das noch hätte machen dürfen, aber das war oft eine so heiße Sache, dass selbst Viktor Privatov, in Gegenwart von Aufsehern, nur mit den Augen hat antworten können, wenn wir ihn auf Kongressen nach entsprechenden Fortschritten gefragt haben. Dazu noch eine Anmerkung: Irgendwann einmal war ich beim Moskauer Filmfestival, um ins Archiv nach Krasnogorsk gehen zu können. Dieses Archiv war rundherum bewacht wie ein Hochsicherheitstrakt, mit hohen Mauern, lederbeweste-

Seite 82, links:
Peter Kubelka kniet vor der Svilova

hrsg. v. Peter Konlechner und Peter Kubelka
Wien 1967

ten Maschinenpistolenschützen mit Hunden et cetera. Auf dem Terrain gibt es sogar eine Kopieranstalt, sodass man, wenn man Geschichtsfälschung betreibt, nicht einen Meter Film hinausbringen muss. Sogar unsere Kollegen aus der DDR, die einen Monat in Moskau waren, durften nicht hinein; sie wollten für Leipzig etwas vorbereiten, doch das war schlichtweg unmöglich. Damals lautete der Vorwurf an Vertov, er sei ein Formalist gewesen. Heute sind die jungen Leute dort der Meinung, er sei ja doch ein Stalinist gewesen, und deshalb wiederum abzulehnen! Vielleicht ist er einfach zu komplex, zu wenig ideologisch ausbeutbar. Genauso wie es schwierig ist, ihn fortzusetzen; er wird, so sehr wir uns alle bemühen, noch immer missverstanden und unter seinem Wert gehandelt.

Lant: Wie viele Filme Vertovs lagern denn heute noch in Krasnogorsk?

Konlechner: In Krasnogorsk gibt es meiner Ansicht nach – und ich habe den Katalog dort durchgearbeitet – alles, von dem man uns Jahrzehnte lang erzählt hat, dass es verloren gegangen oder im Krieg verschwunden sei. Es war immer ein zäher Kampf, Teile von Vertov-Filmen zu kriegen. Zum Beispiel: Einmal hat Sergeij Drobaschenko, der Herausgeber von Vertovs Tagebüchern, die wir dann ins Deutsche übersetzt haben, in Oberhausen zwei Rollen des verschollen geglaubten *Kolybel´naja* (*Wiegenlied*, 1937) vorgeführt. Daraufhin haben wir natürlich sofort diese zwei Rollen erbeten, denn sie waren ja offensichtlich vorhanden, und daher musste man sie uns ja auch geben. Selbst die Svilova hat den Film das erste Mal erst wieder gesehen, als Drobaschenko ihn uns beiden in Moskau zur Gänze gezeigt hat. Drobaschenko hatte diesen Zugang in seiner Funktion als Direktor des Moskauer Kunsthistorischen Instituts, was ihm seine Arbeit erleichterte. Seit damals wusste ich, dass es den vollständigen Film gab; jedoch erst jetzt, im Zuge der Perestroika haben wir den kompletten Film bekommen.

Lant: Kommen wir nun zur letzten Frage. Welche Rolle hat Ihrer Meinung nach das österreichische Filmmuseum in der Vertov-Rezeption gespielt? Generell lässt sich ja feststellen, dass es zwei Phasen in der Rezeption Vertovs gab: einmal in den späten zwanziger und frühen dreißiger Jahren und dann, nachdem kaum mehr etwas über ihn geschrieben worden war, eine zweite seit den Sechzigern. Welche Impulse, denken Sie, sind dabei von Wien ausgegangen?

Konlechner: Ich glaube das müssen andere beurteilen (lacht). Wir haben jedenfalls seit dem 23. April 1963 immer wieder Vertovs Filme gespielt. Die erste große Retrospektive war im November 1967, dann gab es die Ausstellung des österreichischen Filmmuseums im Februar 1974, an der Frau Dr. Ziegler und Gerti Fröhlich maßgeblich mitgearbeitet haben. Bis heute veranstalten wir regelmäßig Vertov-Retrospektiven, wie zum Beispiel die, die zurzeit im Filmmuseum läuft. Dann haben wir ja auch Vertovs Tagebücher herausgebracht. Das geschah parallel zur Veröffentlichung der

Tagebücher in der DDR. Wenn man eine Übersetzung macht, setzt man ja Schwerpunkte, und wenn man die demagogisch setzt, wie ich fand, das es da gemacht wurde, dann ist das eine Verfälschung. Hermann Herlinghaus hat als DDR-Bürger eine Übersetzung gemacht, die völlig im ostdeutschen Parteichinesisch gehalten war. Aber keinesfalls wollten wir unsere Ausgabe als Reaktion auf Herlinghaus verstanden wissen; es hat sich jedoch, glaube ich, im Nachhinein der Unterschied deutlich gezeigt.

Lant: Ich danke für das Gespräch.

Die Zukunft des Menschen?
(Rund um den *Mann mit der Kamera*)

JEAN-LOUIS COMOLLI

Eine junge Frau öffnet die Augen … Jetzt neu: *Der Mann mit der Kamera* (1929). Dieser Film wird ständig neu aufgeladen und erregt, und das Begehren treibt ihn voran.

Eine Frau liegt ausgestreckt da, zweifellos schläft sie: eine seltsame Kadrierung verbirgt uns ihr Gesicht, man sieht zunächst nur ihren Arm, der am Rand des Leintuches ruht; das Hemd, das ihre Brust bedeckt; ihre Hand; hat sie sich bewegt? Ein kleiner Teil ihres Körpers ist jetzt unbedeckt, der Rücken, die Hüfte; träge liegen ihre Haare, ihr Arm darüber: die harte Einstellung endet in der Mitte der Stirn und schneidet die Augen an. Diese gleiche Aufnahme kommt später nochmals – nach einer Reihe von Einzelbildern der schlafenden Stadt, der Maschinen, Schaufensterpuppen, Straßen, Gebäude, die einen Moment angehalten wird durch den Blick eines Paares auf einem Filmplakat, der dem Betrachter, wie um diesen Schlaf nicht zu stören, Schweigen auferlegt; dazu einige phallische Zeichen, ein Hydrant, eine Werbesäule in Flaschenform …

Als die Aufnahme der jungen Frau mit dem reglos am Bett liegenden Arm wiederkehrt, beginnt der Mann-mit-der-Kamera seine Fahrt durch die Welt. Wie in
einem Traum (ein Albtraum, der gut endet), kniet er auf Eisenbahnschienen, er filmt
den Zug, der auf ihn zurast; in letzter Sekunde entfernt er sich: man sieht nur seinen
an der Schiene hängen bleibenden Fuß; großes Kippen der Bilder, geneigte Einstellungen vorbeiflitzender Waggonenden vermengt mit dem Gesicht des Kameramanns.
Inmitten dieses kurzen Chaos, das als das Aufeinanderprallen zweier Welten montiert ist, kehrt die dekadrierte Einstellung der jungen Frau wieder: immer noch mit
unsichtbarem, verbotenem Gesicht. In dem Augenblick, in dem der Zug das Bildfeld
durchquert, wendet sie den Kopf; der Unfall im Traum hat sie geweckt: schnell
schlägt sie die Leintücher zurück und steht auf, das Gesicht außerhalb des Bildfelds.

Später sitzt die junge Frau am Rand des Bettes, sie zieht ihre Strümpfe an, steht
auf, um sie festzumachen: sie hat immer noch kein Gesicht. Geschickt isoliert die
Einstellung ihre Gesten und Körperteile, die sie spielen lässt: die Beine, das Knie, die
Schenkel – um sie erotisch aufzuladen. Nun steht sie auf; sie wird in Rückenansicht
gefilmt, oberhalb der Taille; der Rücken ist nackt; sie legt die Träger eines Büstenhal-
ters um; Übergang der Bewegung zu einer näheren Einstellung, um ihre Hände zu
zeigen, die das Gewebe aus weißer Spitze über der nackten Haut befestigen. In
Großaufnahme geht der Film ganz nahe darauf zu, so als wollten die Inszenierung
und die Montage uns die Erotik des nächtlichen Traums spüren lassen. Die feti-
schistische Konzentration auf die Geste, die Haut, den Körper wird hier umso stärker betont, als man nie das Gesicht der Frau sieht. Wir werden Zeuge eines Erwachens, das auch nach Anbrechen des Tages und Verfliegen des Schlafes das nächtliche
Begehren der geschlossenen Augen aufrechterhalten kann.

Zur gleichen Zeit, als der Mann-mit-der-Kamera sich anschickt, die Stadt (und
die Welt) zu wecken, trifft die junge Frau ihre Vorkehrungen, so als wollte sie ihn
empfangen: die Montage wechselt zwischen ihrem Aufstehen und seiner Fahrt.
Nach dem Büstenhalter ist übrigens eine Aufnahme der Kamera selbst montiert, die
von den Händen des Kameramanns mit ihrem offensichtlichst phallischen Organ,
dem Teleobjektiv, ausgerüstet wird. Die bewusste Klarheit dieses Wechselspiels, die
gekonnte Unvermitteltheit dieser Abfolge von Einstellungsänderungen, das In-
sistieren des Blicks auf dieser teilweise dem Blick entzogene Nacktheit setzen wie
gesagt diese erotische Bewegung in Gang, die den gesamten Film durchzieht. Es ist
ein Erwachen des Blicks und des Begehrens.

Ein wenig später wird die junge Frau in einer Rückenaufnahme in einem Drei-
viertelausschnitt gefilmt, wie sie über ein Waschbecken gebeugt ihr Gesicht wäscht.
Sie dreht sich zu uns, um ihr Gesicht zu trocknen, das immer noch nicht im Bildfeld
ist. Die Entdeckung wird noch aufgeschoben. Bis zur ersten Nahaufnahme, die uns
ihr Gesicht erkennen lässt, das noch halb vom Handtuch, mit dem sie sich abtrock-
net, verdeckt ist. Das Handtuch wird gesenkt, die Augen der jungen Frau öffnen sich
und fixieren das Objektiv der Kamera. Dieser erste flüchtige Blick bleibt kraftlos.
Geblendet vom Morgenlicht blinzelt die junge Frau, ihre Augenlider schließen sich

wieder, sie ist geblendet, die Welt ist verschwommen, überbelichtet, bedarf der Korrektur, der Akkomodierung; das Auge ist empfindlich, das Licht tut weh: man kann einen leichten Schmerz vermuten, eine unangenehme Empfindung. So als würde die Welt dem intermittierenden Sehen ihr Echo zurücksenden, beginnen die Jalousien vor dem Zimmerfenster im Rhythmus der Wimpern zu schlagen. Auf, zu, die Fensterläden bewegen sich. Die Dinge, Gegenstände und Maschinen, zuvorderst natürlich die Kamera, die Dinge bewegen sich in diesem Film von selbst, von einer Eigenbewegung belebt, die sie zu Automaten macht. Diese Fensterläden vibrieren, lassen das Sonnenlicht durchdringen oder spenden wieder Schatten, sie schaffen Gleichgewicht zwischen Außen und Innen. Aber das Auge der jungen Frau – menschlich, entschieden allzu menschlich – in der Bedrängnis dieser harten Zeit des Erwachens erhält es unerwartet Verstärkung. Vertovs Montage stellt zwischen die noch erschöpfte Welt und dieses empfindliche Auge, das zögert, sie zu durchdringen, ein anderes Auge, ein mechanisches diesmal, das Objektiv der Kamera. Der Einstellring dreht sich, und das Auge (der Figur, des Zusehers, der Kamera?) stellt scharf auf den Baum mit den weißen Blüten. Die Metalllamellen der Iris öffnen und schließen sich, und das Auge misst das Licht. Der Blick der jungen Frau, der jetzt von der Maschine übernommen wird, bringt die Bilder unter Kontrolle. Wir können endlich ihre Augen sehen und sogar, Identifikation, darin die Form des unsrigen erkennen. Dazu das mechanische Auge. Das Film-Auge.

Aug' um Aug'. Auf sich gestellt, so wie Vertov es in Szene setzt, kann das präfilmische Auge der jungen Frau angesichts des Glanzes, der Gewalt oder Schönheit der Welt nicht viel ausrichten. Grund ist die prekäre Beschaffenheit des menschlichen Blicks: empfindlich, schwach, unsicher, unfähig, sich der Welt zu öffnen, kann er nur durch aufeinander folgende Dunkelphasen etwas sichtbar machen, durch Lichtschwankungen, die im übrigen durch das Blinzeln der Fensterläden verbildlicht werden. Ohne die Hilfe des Zyklopenauges der Kamera würde die Welt noch nicht in ihrem ganzen Licht existieren, dieses Licht wäre nicht schöpferisch, der Schatten wie auch der Schlaf würden immer die Oberhand behalten. Das anfängliche gemeinsame Pulsieren des Auges und der Welt führt uns zurück zum triebhaften Flackern, auf/zu, zum wilden Pochen, nächtens, unkontrollierbar, das die Kinematographie bändigen, verschieben, gestalten, kurz: wiederbearbeiten soll, indem sie die Palette dieser anderen, diesmal kontrollierbaren Pulsschläge einsetzt, die ersten Paradigmen des Kinos, das im Bild und außerhalb davon Befindliche, das Nahe und das weit Entfernte, das Helle und das Dunkle, das Langsame und das Schnelle … Die Augen öffnen sich, aber das Kino beginnt.

In der Konstruktion der Inszenierung und der Montage stellt die Vereinigung des menschlichen Auges mit dem maschinellen Auge das *Maß* des Blickes sicher, kadriert und zähmt das Auge des Zusehers. In der schimärischen Mischung eines triebhaften Körpers und einer maßvollen Maschine (wie jede Maschine) formt der Blick des Mannes-mit-der-Kamera den Blick des Zusehers. Vom Erklimmen eines Fabrik-

schornsteins bis zum unter die Eisenbahngleise gegrabenen Loch, die akrobatischsten Plätze, die ungewöhnlichsten Orte, die gefährlichsten Blickpunkte, das unwiderstehliche Auge der Kamera ermöglicht sie mir. Allmacht des Film-Auges, Ohnmacht des menschlichen Auges. Das ist die Geschichte, die *Der Mann mit der
Kamera* erzählt. Ein unfehlbares Auge gesellt sich zu unserem geblendeten Auge und
beginnt zweifellos, es zu ersetzen.

Es lebe das Unvorhergesehene! Auf der einen Seite das menschliche Auge – mechanisiert bis zum Abheben (und bis zum Zusammenbruch); und auf der anderen Seite
eine Kamera mit menschlichen Zügen der heroisch-komischen Art mit wackelndem
Kopf und klapprigem Körper, die mit ihren langen Beinen umherstakt. Das alleine
macht den *Mann mit der Kamera* zu einem der am wenigsten „realistischen" Filme
der Kinogeschichte, einem der am wenigsten „dokumentarischen", am wenigsten
„überrumpelt gefilmten". Weit vom Programm der „Kinoki" entfernt, das in den
Texttafeln des Vorspanns zusammengefasst wird, ist hier alles oder fast alles inszeniert, ausgeschnitten, ausgeklügelt, komponiert und vorbereitet. Was in keiner Weise
verhindert, dass „das Reale" (das Überraschende, das jede Erzählung und jedes Kalkül untergräbt und überschreitet) in diese perfekt angeordnete Szenerie eindringt.
   Vertov wollte den Film vom Theater trennen. (Nebenbei möchte ich anmerken,
dass sich vielleicht zu viele Musen über die Wiege des Films beugten: Fotografie,
Theater, Malerei, Musik, Tanz, und dass die filmische Geste oft als Bruch mit einem
dieser Einflüsse beginnt.) Die in seinen Filmen spielenden Personen sind in der Tat
nicht das, was man üblicherweise „Schauspieler" nennt. Nichtsdestoweniger spielen

sie mit ganzem Körper für eine Kamera, eine Einstellung, eine Lichtstimmung, ja sogar für eine Trickaufnahme, eine Zeitlupen- oder eine Zeitraffersequenz. Gleichviel ob sie von der Bühne oder von der Straße kommen, sie setzen sich dem Blick der Kamera aus, sie konstruieren ihr Bild mit der Kamera. Wie könnte „das Leben" auch „überrumpelt gefilmt" werden, wenn mir der Film in einem wundervoll obsessiven Eingeständnis die Kamera zeigt, die es filmt?

Gleich ob inszeniert oder nicht, ob Schauspielerei oder nicht, das Zusammentreffen eines Körpers und einer Kamera bleibt jedenfalls ein einzigartiges, nicht umkehrbares, unvergleichliches und nicht wiederholbares Ereignis. Nie wird eine Inszenierung jemals den Zufall beseitigen, der mit der wahren Aufzeichnung verbunden ist. Die mehr oder weniger großzügige Verteilung (der Würfelwurf) der Unwägbarkeiten des Drehens in der filmischen Substanz sichert jedem Unternehmen kinematographischer Inszenierung die Möglichkeit, ein wenig Staub der Realität um sich erstrahlen zu lassen. Vertov ergreift diese dem Kino innewohnende Chance nicht nur, er zwingt sie herbei. Das hier auf die Spitze getriebene System der Verschachtelungen [mises en abyme], erforderte eine gleichsam manische Organisation und Kontrolle, mit der Folge, die jedem Drehen innewohnenden Risiken noch zu steigern. Gerade durch exzessive Inszenierung findet Vertov die Spannung des Unvorhergesehenen wieder.

Dieses Unvorhergesehene – an dem uns Dokumentarfilmern natürlich ebenso wie Vertov gelegen ist – finde ich jedoch hauptsächlich in der Montage von *Der Mann mit der Kamera*. Der Schnitt, die Collage, die Verbindung, der Sprung. Diese Kollisionen, diese Wechselfolgen oder diese Verknüpfungen von Aufnahmen – zunächst auf dem Montagetisch und dann auf der geistigen Leinwand des Zusehers – erzeugen besser als beim Drehen Effekte des Einbrechens oder Eindringens. *Effekte des Realen*, dieses *Realen*, das nur so verstanden wird, dass es alle Erzählungen der Welt verschiebt oder unterminiert. Nicht beim Drehen, sondern im Labyrinth der unverhofften Begegnungen im Montageraum kehrt die Hypothese des Zufalls wieder. Weil Vertov die Montage als *geistigen Vorgang* dachte, also flüchtig und reversibel, löschbar und von neuem herstellbar, verhindert die perfekt beherrschte Virtuosität der Montageeffekte nicht, sondern begünstigt vielleicht sogar den für das Auftauchen des Aleatorischen unerlässlichen Verlust der Herrschaft. Die Beschleunigung bestimmter Aufnahmeserien enthüllt das Bestreben der Montage Vertovs, den Kompass der Wahrnehmung durcheinander zu bringen, die Reize auf der geistigen Leinwand gegeneinander zu schleudern, einen sensorischen Wirbel auszulösen, sodass die Aufnahmen sich miteinander verbinden oder einander nachjagen, kurz eine Unordnung, die uns in einen Eindruck des Unvorhergesehenen versetzt, der mit der Geschwindigkeit verbunden ist, mit der der Zuseher vom Film überholt wird …

Eine Kaskade von Verschachtelungen. Wie es der Film bis dahin nicht gewagt hatte. Sie überholt und überbietet alle jene, die in späteren Filmen versucht werden sollten. Film im Film, Drehen im Drehen, gefilmte Kameras, Objektive, Filmteams, Schneide-

tische, Filmrollen, Cutterinnen, Einzelbilder, Zuschauer, Kinosäle, Projektoren, gefilmte Leinwände …Die entfaltete, konkretisierte, materialisierte kinematographische Maschine, die hier zu sehen ist, hört nicht auf sich zwischen den entstehenden
„Film" und den „Zuschauer" zu schieben. Das heißt, sie bemüht sich, den einen
in den anderen zu projizieren, sie aufeinanderprallen zu lassen. Das gefilmte Auge,
Vertovs Motiv par excellence, ist zugleich das der Menschen im Film, des im Film
sichtbaren Zuschauers, des Zuschauers des Films und natürlich des Objektivs der
Kamera. Projektion = Verwirrung. Welt des Tuns = Welt der Verwandlung. Der-
Mann-mit-der-Kamera wird in diesem Film als das neue schimärische Wesen
(Mensch + Maschine) eines neuen mythischen Zeitalters aus der Taufe gehoben. Bevor es sehr zu ihrer Beschleunigung beiträgt, bemächtigt sich das Kino (immerhin
nach einigen Jahrhunderten der Annäherung) der *Gesellschaft des Spektakels*. Um
daraus was zu machen? *Das Spektakel des Spektakels. Ein Ereignis des Bewusstseins.*

Vertov filmt alles, was den Film ausmacht. Systematisch. Das Drehen wird zu
einem Kunststück für sich. Verblüffend die Sequenz der Kutschenfahrt der jungen
Bürgerstöchter: nicht so sehr weil sie uns sowohl ihre Fahrt als auch die sie filmende
Kamera zeigt, als vielmehr weil sie uns diese aberwitzige Verfolgungsfahrt einer zweiten Kamera (die ihrerseits nicht zu sehen ist), die die Szene ihrerseits filmt, erahnen

lässt … Das Geschehen außerhalb des Schauplatzes [hors-scène] (die Crew, die das
filmt, was ich sehe) wird ein *logisch* mit dem sichtbaren Bild verknüpftes Geschehen
außerhalb des Bildfeldes [hors-champ], und zwar durch eine Überlegung, eine
Schlussfolgerung: wenn ich eine Kamera in einem Film sehe, gibt es eine andere
Kamera, die sie filmt …

All dieses Kino im Kino spielt einige Jahrzehnte von Lichtjahren vor dem Selbstzitat oder der Selbstreferenz dieser in sich geschlossenen Schleife des „als Zitat gefilmten Films" (Biette und Daney), das nur das Etikett seines Markenzeichens hervorbringt. Das – eigentlich wahnwitzige – Bestreben des Vorhabens Vertovs ist die Verwirklichung einer *generalisierten kinematographischen Verschachtelung*, die nicht nur bis zur Vervielfältigung des Kinos durch sich selbst geht, sondern auch den Zuschauer sich durch sich selbst vervielfältigen lässt. So erreicht er in einem rhetorischen System (dem der Verschachtelung), in dem jede Äußerung zwangsläufig sekundär ist, die Wiedergeburt der Erscheinung der ersten Male. Welche andere Rolle als die des Zuschauers beginnt hier für jeden Zuschauer von neuem? Zumindest bis zum heute noch nicht datierbaren Verschwinden des letzten Filmzuschauers. Braucht es dieses Wechselspiel zwischen Täuschung und Widerruf, damit eine Wahrheit des Kinos vermittelt wird, die somit eine notwendige Blendung einschließen würde, ein anfängliches Schließen der Augen, um sie über der Schönheit einer neuen Welt wieder zu öffnen? Weniger Godard oder Rouch also in dieser vertovschen Filiation als vielmehr Flaherty und Kiarostami.

Der Kinosaal, Zauberkasten. Der Mann mit der Kamera beginnt mit dem Öffnen dieses leeren Kastens. Der Kameramann steigt von der Kamera herab, die als ein die Welt verkörperndes Monument gefilmt ist, und verschwindet mit seiner Maschine hinter einem Theatervorhang. Der Zauber beginnt. Eine magische Kraft entzündet die Luster und klappt die Sitzflächen der Stühle hinunter. Ein unauffälliger Regisseur, eine Art Kulissengeist, arrangiert das Vorspiel des Spektakels, setzt die Illusionsmaschinerie in Gang und lässt vor allem die Zuschauer ein und verteilt sie im Kasten … Beobachten wir, wie diese ersten Zuschauer-im-Film in Szene gesetzt werden. Sie waren nicht schon dort. Sie sind da. Der Saal füllt sich im Handumdrehen. Als Zuschauer-des-Films habe ich kaum Zeit, sie kennen zu lernen. Sie werden mir en bloc präsentiert, sie treten in Gruppen auf. Ein nicht genau bestimmbares Publikum. Viel später, gegen Ende des Films, werden wir diesen Zuschauern-im-Film wieder begegnen. Das wird dann während der Vorführung sein, in der Dunkelheit des Saales, im blassen Schimmern der Leinwand. Wir werden nicht mehr dieses kollektiv gefilmte Publikum, sondern diese Zuschauer sehen, einen nach dem anderen, in einer Reihe von Großaufnahmen einzeln aufgenommen, ihre Gesichter, ihre Profile, individualisiert; wir werden ihre Blicke sehen, ihre Reaktionen, wir werden sie zum Beispiel lächeln sehen, beim kleinen Ballett der stark anthropomorphisierten Kamera …

Der Mann-mit-der-Kamera, ein wahrer *Deus ex machina*, unterteilte das Publikum in Individuen: die Vorführung des Films brachte einzelne mit Blicken ausgestattete Zuschauer hervor. Diese andere Version der Gründungsgeschichte, die uns der Film erzählt (das Kino ist die Zukunft des Menschen) enthält offensichtlich eine politische Dimension. Vertovs Auffassung der Kinopropaganda ist glücklicherweise paradox: wenn es auch darum geht, die Massen zu erreichen, so um die einzelnen Subjekte zu erreichen. Wie gelangt man vom Kollektiv zum Individuum, und von der ununterschiedenen Masse zur Kollektion einzelner Subjekte, das ist in der Tat eine politische Frage, aber eine Frage des *Filmemachers*. Darin unterscheidet sich Vertov von den massenwirksamen Vulgata-Fassungen ebenso wie von der futuristisch beeinflussten Maschinenfaszination für die Massen (in der Art von: *Berlin, Symphonie einer Großstadt* von Walter Ruttmann, 1927). Das Auftreten der Massen im politischen Denken, wenn nicht überhaupt in der Geschichte, findet in etwa zur gleichen Zeit statt wie die Geburt des Kinos. Vor allem die Möglichkeit ihrer Darstellung ist an das Kino gebunden.[1] Davor musste man wählen, die Massen waren nur von oben und aus der Entfernung oder aus der Nähe und von unten zu sehen. Es bedarf der Bewegung des Films, um wirklich die Massen in Bewegung aufzunehmen. Und einer Leinwand, um sie, diese Massen, der (bescheideneren) Masse des Publikums zu zeigen. Das Kino erzeugt einen neuen *visuellen Begriff*: die Plastizität, die Abbildbarkeit der Massen, von denen man sagen kann, dass sie nur in ihrer filmischen Dimension sichtbar werden und Gestalt annehmen. Das Ding erscheint nur mit seiner Darstellung – die es bestimmt. Die Gesamtansicht, der erhöhte Standpunkt des Prinzen oder des Strategen genügen nicht mehr. Die filmische Bewegung eröffnet die Möglichkeit eines Darüber-Hinweggleitens, den Panoramaschwenk, der eben genau der Inbegriff der von der modernen Macht ausgeübten Überwachung ist.

Auch hier beschreitet *Der Mann mit der Kamera* neue Wege. Vertov gibt sich nicht damit zufrieden, die Leinwand mit diesen Massen zu füllen, in einer spielerischen Überbietung vervielfältigt er sie mit sich selbst. Schräg übereinander gelegte Mehrfachbelichtungen, Verdreifachungen oder Vervierfachungen ein und desselben Bildes einer Menschenmenge, Kipp- und Umkehreffekte, Trickaufnahmen, bis zu dem Gag, die Menschenmenge rückwärts laufen zu lassen … In der visuellen Ironie dieses Spiels mit den (Bildern der) Menschenmengen enthüllt sich vergnüglich die Leichtigkeit, mit der der Film auf seine Art die Menschenmengen manipuliert.

Geburt des Kinozuschauers. Dass *Der Mann mit der Kamera* eigentlich nur die durch den Film ermöglichten Manipulationen kritisch enthüllen möchte, indem er ihnen seine Magie verleiht, wird am Ende in recht ergreifender Weise durch die betonte Darstellung der Zuschauer-im-Film als Subjekte bestätigt. Wie sie befinde ich mich in einem Kinosaal, ich sehe den gleichen Film wie sie, ich sehe sie darin, sie vertreten mich dort, in ihnen erkenne ich den Kinozuschauer, zu dem mich die filmische Arbeit macht. Kinozuschauer: derjenige, der nicht aufhört, an die Magie des Kinos zu glauben, selbst wenn ihn der Film in die Geheimnisse seiner Herstellung einweiht und ihm die prosaischsten Hilfsmittel enthüllt.

---

1   Die Malerei hatte einige (wenige) Menschenmengen dargestellt: in den Theatern, den Kirchen, den politischen Versammlungen (David, *Der Schwur im Ballsaal*), und später (Manet, Seurat) an öffentlichen Orten, auf Bällen, in Ausflugslokalen, auf Boulevards. Und da auch nur kleine Menschenansammlungen. Publikum, keine Massen.

Anders gesagt: um den Zuschauer hervorzubringen, um zu einem Teil des *Subjekts* beim Kinozuschauer vorzudringen, wie Vertov dies will und tut, bedarf es einer Maschine. Durch das Auge, den zumindest beim Cineasten am stärksten erotisch aufgeladenen Sinn, erreicht die Maschine die Subjektivität des Zuschauers und durchdringt sie vielleicht sogar. Der Knoten ist doppelt geknüpft: durch die aufeinander folgenden Negierungen, die seine Beziehung des Glaubens an den Film aufrechterhalten, Negierungen, die durch das Spiel der Verschachtelungen immer wieder erneuert werden; und durch die Lust des Auges, die ihm dieser Glaube verschafft. In beiden Fällen läuft die Beziehung über die Maschine. *Es ist zuvorderst eine Maschine, die aus dem Kino die Kunst par excellence der subjektiven Beziehungen macht.*

Im Räderwerk dieser Verschachtelungen gefangen, wird der Zuschauer von *Der Mann mit der Kamera* rasch zum einzigen Bezugspunkt des Films. Der Film hat bereits in einer immer schon davor liegenden Dunkelheit begonnen, wenn (für mein neues Bewusstsein als Zuschauer) klar wird, dass ein Film beginnt. Ich befinde mich zu dem Zeitpunkt, zu dem ich in ihn Eingang finden muss, bereits im Film. Ich bin der Zuschauer des Zuschauers, zu dem ich werde – ich bin ein Werdender. Ort der Zukunft. Der-Mann-mit-der-Kamera filmt das, was noch nicht ist und eben erst gefilmt wird. Kino als Utopie.

Die beiden Wünsche, die beiden Ängste. Dieser Film ist umkehrbar, da er sich bereits in sich umkehrt; er ist es umso mehr, als er sich nur auf die von ihm selbst aufgezeichneten filmischen Spuren bezieht.[2] Was ist eine Darstellung der Darstellung? Was geschieht, wenn der Referent einer Szene eine andere Szene ist? Endlosschleife dessen, was von der Sache auf das Bild verweist, vom Bild auf die Sache und von beiden auf die sie trennende Szene. *„Wo endet das Theater, wo beginnt das Leben?"* Diese ewige Frage jeder Darstellung, die (unter anderem) in *To be or not to be* (Lubitsch), *Le Carrosse d'or* (Renoir), *Che cosa sono le nuvole, La Ricotta* (Pasolini), *Close-up* (Kiarostami[3]) Höhepunkte erreicht und im übrigen ein Erbe des Theaters (ich erinnere an *Hamlet, Der Sturm*, Marivaux, Goldoni, Pirandello …) wie auch der Malerei (Atelierszenen, Kunstkammern, Spiegel, Vanitas-Darstellungen, Trompe-l'œil …) ist, diese ewige Frage greift Vertov auf und verschiebt sie, sie wird zu dem Satz: *wo*

---

2   Das Film-Auge sieht alles, es ist universell, es vermischt die Orte und die Zeiten. Wege, Umwege, Rückwege. Hier untersagt die Montage den Bezug. Filmische Verdampfung des Referenten – als ein Traum des Realen, der verflog, als der Tag des Kinos anbrach. Nicht einmal eine elementare Beschreibung der Verschachtelungen des Films ist möglich; die gleiche Schwierigkeit wie in den ersten fünf Minuten von *To be or not to be:* auch wenn ich riskierte, diese Beschreibung zu versuchen ("Cahiers de cinéma", Nr. 288), so weiß ich doch, wie sehr sich die Gleichung Schauspieler / (falscher/wahrer) / Hitler der Beschreibung entzieht; oder wenn man das Hin und Her der wahren und falschen Abbilder in *Close-up (Nama-ye Nazdik, 1990)* entwirren wollte, welche Worte wären eindeutig und (sozusagen) unumkehrbar genug?

3   Einzelfall einer fortgesetzten Verschachtelung, die von Film zu Film wiederkehrt und verschoben wird, die drei ineinander verschachtelten Werke von Abbas Kiarostami, *Und das Leben geht weiter …, Wo ist das Haus meines Freundes?* und *Quer durch den Olivenhain.*

das Kino beginnt, beginnt das Leben. Wie soll man der Aporie einer gleichzeitig not-
wendigen, umkehrbaren und unmöglichen Unterscheidung zwischen der Welt als
Darstellung und der Darstellung der Welt entgehen? Indem es gleichzeitig eine
„realistische Wiedergabe" des Lebenden und die Hervorbringung der Welt als Bühne
versucht, versagt sich das Kino in der Tat die Lösung dieses Konflikts.

Hin und Her. Einander entgegen gesetzte Wünsche beim Kinozuschauer, einem
verdoppelten und gespaltenen Wesen, einem janusköpfigen Subjekt. Ich will das Ding,
sein Bild, und das Gegenteil seines Bildes, was nicht die Rückkehr zur Sache selbst bedeutet, sondern sich dieses Bildes als eigener Sache bewusst zu werden. Ich will den
Taumel des Kippens ohne Rückkehr in das Spektakel – das Immer-mehr-zum-Spek-
takel-Werden der Warengesellschaften – erfahren und an das Mittel eines Widerstands
gegen diese Spektakularisierung der Welt glauben – eines Widerstands, der logischer-
weise über die Versicherung einer „Realität" der Welt (einer Nicht-Spektakelhaftig-
keit der Welt) erfolgen müsste. Angst, auch nur einen Krümel des Spektakels zu ver-
passen (Beobachterschicksal des Zuschauer-Subjekts). Gleichzeitig Angst, dass alles
zum Spektakel wird. Angst vor der Welt ohne Darstellung (ohne Möglichkeit der Ver-
mittlung, des Eingreifens, der Schräge …). Gleichzeitig Angst vor dem Spektakel als
zeitgenössischer (beherrschender) Dimension des In-der-Welt-Seins. Und um diese
letztgenannte Angst zu bannen, – hysterisches – Verlangen nach Annahme einer
„vollständigen" Realität, „wie sie ist", „wirklich", etc. Der ontologisch betrachtet mit
jeder neuen Vorführung neu entstehende Zuschauer befindet sich in der paradoxen
Versuchung, das spektakelhafte Schicksal der Warengesellschaften zurückzuweisen,
um ein verborgenes oder vom Spektakel verdecktes, unversehrtes „Reales" zu postulieren. Obwohl er sich also in die nochmals geteilte Spaltung der Darstellung begeben
hat, lässt er sich von einem Traum der Fülle und Immanenz tragen, gleichsam getrö-
stet durch ein Phantasma der Einheit der Welt und des Menschen, Eigenschaften, die
ihm umso begehrenswerter erscheinen, als er sie unbestimmt von den Sprachen, den
Interpretationen, den Schriften, den Zeichen- und Formgebungen beeinträchtigt oder
verdorben weiß … Ambivalenz des Kinos. Diese Dualität der Wünsche und Ängste
steht am Beginn des Gegensatzes zwischen Fiktion und Dokumentation; sie begründet ihn und entzieht ihm zugleich seine Grundlage.

Dialektik der Bühne. Die Macht der vom Kino erzeugten Realitätseffekte (der Traum
eines „wirklichen Realismus") ruft nämlich nach ihrem Gegenteil, die hartnäckigen
Rückkehr diverser Formen von Künstlichkeit. Und die tendenziell notwendige Ver-
mischung des Bildes mit der Sache ruft wieder nach der ängstlichen Versicherung der
„Grenzen" der Kinematographie, das heißt ihrer Herkunft: Spiele mit dem Theater,
der Photographie, der Malerei, dem Zeichentrick, dem synthetischen Bild, etc. Was
das Kino, diese „unreine Kunst" (Bazin), unablässig auf Seiten der angrenzenden
Künste oder Techniken sucht, das sind gewissermaßen Bündnispartner gegen diese
unbrauchbare Ideologie, die es mit „dem Leben" vermischen will, um dagegen seine
immerwährende Andersartigkeit und Distanz zu behaupten: ein Formenkomplex,

der „das Leben selbst" ersetzen und ihm entgegengestellt werden kann und zwar umso eher, je mehr er ihm ähnelt.

In diesem schönen Namen der „Inszenierung", der sich gegen den der „Realisierung" durchgesetzt hat, lese ich den Anspruch einer Andersheit und einer Fremdheit des Kinos: „Inszenierung" bedeutet gleichzeitig *In-Zweifel-Ziehen-der-Welt* und *ihre Verschachtelung als Bühne*. Die Darstellung wird zur „Welt", in der die Darstellung sich einschreibt, zur Welt-als-Schauspiel, das das Schauspiel der Welt beinhaltet. Gleichgültig, ob man es weiß und will oder nicht, das Filmen ist immer ein Inszenieren. Schon das Auftreten einer Kamera allein erzeugt eine Bühne (und einen Bereich hinter der Bühne). Die Kamera ist nie durchsichtig, nie immateriell; sie ist eine komprimierte Maschine; sie materialisiert den Körper und symbolisiert den Blick, das heißt vor allem die Beziehung (der Blick ist Beziehung, hin und zurück). Immer wenn diese Kamera in den Sketches mit eben diesem Namen „versteckt" eingesetzt wird, bewirkt dieser Umstand, dass sie von den Darstellern nicht gesehen wird, für den Zuschauer eine betonte, erstarrte, letztlich schwerwiegendere Präsenz als eine Kamera, die für die von ihr Gefilmten sichtbar bleibt. Was immer man auch unternimmt, die Kinomaschine agiert auf einer Bühne oder organisiert vielmehr eine um sich herum. Das Team, die Geräte, die Kamera, die Schauspieler, die Dekoration, all das erzeugt eine Bühne. Die kein anderes Gesetz kennt, als das, *da zu sein und für die Zeit der Aufnahme zu dauern*.

Vom Altar zum Fresko, vom Jahrmarkt zum Theater ändert sich die Bühne zwar, aber das Darstellungsprinzip wird beibehalten: ein *Drittes* in die Beziehung zweier Subjekte zu mengen; einen Umweg, eine Schräge, eine Sprungfeder in die geschlossene Schleife der Spiegelung von Identität und Andersheit einzubauen; die Erkenntnis des anderen und seiner selbst über eine Trennung, eine Übertragung geschehen zu lassen, die das Auge vom Blick und den Gegenstand vom Bild ablöst.[4] Inszenierung = In die dritte Person Setzen. Die Kinematographie beerbt freilich diese Darstellungslogik, die alle davor liegende Bühnenpraxis durchdringt. Sodass sie als Drittes in die Spiegelbeziehung die perfektionierteste Illusionsmaschine einbringt. Einschub einer magischen Maschine in den Dialog der Subjekte. Die Kamera agiert als Zwischenkörper, der sich in meinen Blick zwischen Quelle und Widerspiegelung einschreibt. Zwischen der einen und der anderen, das Dritte der instrumentellen Anordnung, das ein System dritter Blicke (dritten Blicks) auslöst, das eine Leinwand von Drittkörpern entrollt. Die wahre Einschreibung ist zunächst die der Kamera als Festkörper, widerstandsfähig, opak, magnetisch. Ein realer Körper in einer realen Szene mit anderen realen Körpern, das alles zum Zweck einer Gestaltung der imaginären.

Darstellung = Umweg = Supplement: dieses Supplement, dieses In-die-dritte-Person-Setzen sind nur andere Namen für die von Vertov in *Der Mann mit der Kamera* ins Werk gesetzten Verschachtelungen. Der Blick zuviel, der Körper zuviel beunruhigt den meinigen. Umso mehr als dieses „Zuviel" ein Effekt der Maschine ist, das Produkt einer Mechanisierung des menschlichen Wünschens oder Träumens.

---

4   Pierre Legendre, *Dieu au miroir. Etude sur l'institution des images*, Fayard 1995.

Welche Maschine? Der Glaube ist der Beweggrund selbst der Erschaffung des Kinos. Aber ein besonderer Glaube: der Glaube an die Macht einer Maschine. Über die mich darstellende Maschine kommt Unruhe ins Spiel, die eine Bewusstwerdung induziert. Der alte Traum einer Darstellung, die „echter als das Leben" sei, nährte und begründete die kinematographische Maschine; diese wiederum brachte ein *Kinosubjekt* hervor, diesen Kinozuschauer, der gleichzeitig in der Lage ist, diese Maschine (dieses Nicht-Menschliche) zu begehren, ihr Allmacht zu übertragen, an sie zu glauben, ja sogar ihre Fehler auf imaginäre Weise zu korrigieren, schließlich zu akzeptieren, dass sie sich selbst zeigt, sich anprangert, in einer Selbstdarstellung, die nur bewusst gemacht wird, um von neuem zu verzaubern ...

Einer zwingenden wesensmäßigen Notwendigkeit zufolge, die ungeachtet der technischen „Fortschritte", die die Geschichte des Kinos kennzeichneten, niemals geleugnet wurde, ist die kinematographische Maschine bei der Produktion realistischer Effekte zu mangelnder Perfektion verurteilt. Dieser von der Kamera erzeugte „Eindruck von Realität" ist nur ein Eindruck, eine Annäherung mangels Besserem. Außer wenn ich es absichtlich zu meinem Phantasma werden lasse, vermischt sich für mich als Zuschauer das kinematographische Bild der Sache nicht wirklich mit der Sache selbst. Es unterscheidet sich auch von allen anderen Arten von Bildern, einschließlich des photographischen, das es direkt beerbt, insofern es immer schon durch diese nachdrückliche Gewalt geprägt ist, die die Kadrierung, der Ausschnitt – sei er fix oder bewegt – auf die Bewegung der Körper oder Objekte ausübt, die die Einstellungen durchqueren, in sie hineinkommen, aus ihnen hinausfallen: Einschluss, Ausschluss. Zerschneiden, Aneinanderheften: die Einstellung übt Gewalt aus, auch auf das Blickfeld des Zuschauers. Gewalt dieser ersten kinematographischen Schrift, die das im Bild Gezeigte [champ] und das Nicht-Gezeigte [hors-champ] verbindet, die – mit derselben Geste – Sichtbares und Unsichtbares zerschneidet und zusammenfügt. Gleichzeitig eröffnet diese Gewalt, die schließlich nichts anderes als das Gesetz einer Maschine ist, die Möglichkeit einer Interpretation: dass jede Maschine stehen bleiben, jedes Schauspiel unterbrochen werden kann. Ganz nach meinem Wunsch. Gewalt also, aber als Bedingung einer Beziehung zur Gewalt. Es ist eben die Maschine, die im Kino die Art und Form meines Blickes verändert. Die Maschine benötigt meine Negierung, um eine Macht zu entfalten, die meinen Glauben rechtfertigt. Diese Negierung erfolgt durch das Vergessen und den Verzicht auf meinen Zustand als Zuschauer (auf das Bewusstsein, das ich von den materiellen Umständen und realistischen Grenzen der Darstellung habe). Die Kraft meines Wunsches nach Täuschung oder Verzauberung treibt mich dazu, die Schwäche der Maschine wettzumachen; die der Maschine übertragene, in sie injizierte Kraft wird umgekehrt zum Indiz meiner Schwäche.

Glaube, Lust. Die beiden offensichtlichen Motive von *Der Mann mit der Kamera*. Was in den anderen Filmen (nicht nur denen von Vertov) verborgen bleibt, wird hier bloßgelegt: wenn es darum geht, an die demiurgische Macht einer Maschine zu glau-

16

ben, so verschafft diese Maschine demjenigen Lust, der ihr Glauben, das heißt Energie, Begierde, um nicht zu sagen Körper und Seele schenkt. Die Schleife ist nicht vollkommen geschlossen oder vielmehr wird sie es erst über das, was sie unterbricht. Diese Lust als Gegenleistung für den Glauben an die Maschine bezeichnet ihre Grenze, die der Erschöpfung, der Sättigung. Die Allmacht der Maschine erfüllt mich und höhlt mich aus. Ich denke an den Moment des Films, in dem die Montage bis zum Exzess gesteigert wird, in dem die Bilder in immer rascherer Abfolge aufeinander prasseln, in einer orgiastischen Beschleunigung, die zwar dem Wunsch nachkommt, immer mehr zu sehen, infolge des Gesetzes eines unstillbaren Schautriebes, die aber, wenn das Immer-mehr-Sehen schließlich in das Geblendet-Werden umkippt, durch die Erfüllung dieses Wunsches, ihn sättigt und mit Blindheit schlägt. So wie sie durch diese Montageeffekte hervorgerufen wird, schlägt die Schaulust des Zuschauers in eine Niederlage des Auges um. Hier findet die Utopie Vertovs ihre Grenze. Die Intensität der Empfindungen selbst, die das Film-Auge verschafft, bedroht es auch. Zuviel Lust bringt den Glauben ins Wanken.

Flaherty. Ein Mann mit der Kamera, das ist zum Beispiel Robert Flaherty. Trotz gegenteiliger Meinung beinahe aller Geschichten des Kinos durchdringt Flaherty auch Vertov und nimmt Anleihen bei ihm. *Man of Aran* (1934), der zusammen mit *Der Mann mit der Kamera* einer der am stärksten *montierten* Filme der gesamten Filmgeschichte ist[5], greift sogar eines der immer wiederkehrenden Muster Vertovs auf: eine gleiche Folge von Gesten, ein und dieselbe Aktion wird zerschnitten und auf eine Abfolge kurzer Aufnahmen aufgeteilt. Die Geste des Mannes von Aran zum Bei-

---

5 Wie – als die ersten scheint mir – Gilles Delavaud und Pierre Baudry in ihrer Analyse von *Man of Aran* (*La mise en scène documentaire*, Totem prod., 1994) anmerken. Ich greife hier die Elemente eines von Jacques Materne in Besançon veranstalteten „Flaherty"-Kurses auf.

spiel, der einen Steinblock über seinen Kopf hochhebt, um ihn auf einen Felsen zu werfen, wo er zerbricht und der Felsen gespalten wird. Diese Geste wird in Teile zerlegt und im Film in Ansichten aus drei verschiedenen Winkeln montiert, die aber so nahe bei einander liegen, dass eine Art Oxymoron, eine eigenartige und gegensätzliche Verbindung von Innehalten und Beschleunigung, Intensivierung und Abstraktion entsteht. Kaskaden und ruckartige Bewegungen. Der Eindruck von „falschen Koppelungen", „Sprüngen" in der Aufnahme. Anzeichen eines Risses, einer gewollten Diskontinuität, deren Künstlichkeit allen Praktiken der „unsichtbaren Montage" entgegensteht. Ein zu aktives Kino, um kontemplativ zu sein.

Verwandte Effekte finden sich im Archiv der von Film zu Film wieder verwendeten Szenen. Dieser „Tanz auf der Stelle" eines Arbeiters zum Beispiel, der einen Stahldraht beim Schmelzvorgang ergreift und ihn aus einer Düse in eine andere leitet. Ein und dieselbe, immer wieder begonnene Aktion. Zweifellos war sie montierbar, wie sie gefilmt wurde, ohne Unterbrechung, da ihr Hauptmotiv, das der Wiederholung, sich ohne Unterlass choreographisch in ihr anzeigt. Die Gesten der Arbeit tendieren bei Vertov dazu, denen des Spiels oder des Tanzes, den Zeitlupenaufnahmen der Sportszenen zu gleichen und zwar einem Gesetz der Leichtigkeit und der Anmut zufolge, das die Antwort des Filmemachers auf das Dogma der Produktivität ist. Diese gesamte Aktion wird von der Montage durch eine Reihe von Schnitten in Stücke zerteilt, die die Aufnahme fragmentieren und sie mit sich selbst verbinden. Wiederholung einer sich bereits wiederholenden Bewegung. Die Dauer wird zum Tempo. Die Zeit, ein Pochen, wird nicht mehr durch das Einwirken auf die Materie in Gang gesetzt. Idealisierung der Materie und des Körpers. Formbegeisterung. Die Vervielfachung der Geste durch die Montage knüpft hier wie dort, bei Vertov wie bei Flaherty, an das Erbe der Bewegungsanalyse aus der Frühzeit des Kinos an (Muybridge, Marey).

Magie und Gegenmagie. Die zerteilte, verlangsamte, beschleunigte, zerhackte, ausgesetzte, angehaltene Geste, das ist zunächst – in *Der Mann mit der Kamera* findet sich der in Einzelaufnahmen zerlegte Galopp des Pferdes als direktes Zitat – die filmische Aufschreibung einer analytischen Magie, die erstaunlicher ist als die der Synthese, so wie die anamorphotische Verzerrung stärker hervortreten kann als die durch die Gesetze der optischen Wahrscheinlichkeit bestimmte Abbildung. Die Analyse enthüllt, was die Synthese verbirgt: dass der Fluss der Bilder in Wirklichkeit nicht kontinuierlich ist. Es ist also eine filmische Wahrheit, die hinter oder mit einer Wahrheit der Geste zu sehen ist. Die Kenntnis der Abfolge einer Bewegung (der Galopp eines Pferdes, der Gang eines Menschen) setzt ein analytisches Denken in Gang, das das Kino wie einen Handschuh umdreht und mich als Zuschauer zwingt, es verkehrt zu sehen, einer parallelen Vorgangsweise der Erkenntnis zu folgen, da diese Abfolgen angehaltener Bilder, die für mich die einzelnen Momente der Bewegung eines Körpers voneinander absetzen, auch Einzelbilder sind, die festgehaltenen Spuren des Voranschreitens des Films.

Die geniale List Vertovs beruht auf dem Wissen, dass diese Umkehrung des

Blickes nur durch eine Verdoppelung der Illusion zu erreichen war. Zu sehen, wie die Bewegung unterbrochen wird, bedeutet immer zu vergessen, dass die Projektion weiterläuft, dass sie eben nicht unterbrochen werden darf, um uns den Effekt dieser Unterbrechung zu zeigen, um sie vor uns abzuspulen. Um die analytische Dimension der Bewegungszerteilung zu erreichen, muss man paradoxerweise mehr denn je die synthetische Magie des Kinos zu Hilfe nehmen – das Postulat des Glaubens an diesen Realitätseindruck wieder auffrischen, der mit der Bewegung des Lebens verbunden ist.

Von allen Verschachtelungseffekten, die den *Mann mit der Kamera* beleben, ist dieser vielleicht der furchtbarste: Ausgesetzte Gesten, zerteilte schwungvolle Bewegungen, zerhackte Läufe, erstarrte Haltungen, „eingefrorene" Bilder sind im Kino der Gipfel der Täuschung. Der Film dreht sich mit den Spulen des Projektors, und der Film folgt unbeirrbar seinem Lauf, um uns zu sagen, dass der Film blockiert ist. Dieser auf der Leinwand abgebildete Stillstand entsteht nur durch die geistige Arbeit des Zuschauers. Im Laufe der Projektion erscheint mir das Aussetzen einer Bewegung nur dann als solches, wenn ich mein Wissen als Zuschauer um die materiellen Bedingungen dieser Projektion zensuriere, wenn ich mein (mehr oder weniger deutliches) Bewusstsein der Mechanismen und Betriebsweisen der Maschine einschläfere, wenn ich also vergesse, dass ich im Kino bin. Das heißt die imaginäre Dimension des Betrachtens eines Bildstillstands. Die Analyse, die die Magie der Synthese der Bewegung auflöst, ist eine umgekehrte Magie. Als Gipfel der Täuschung hebt sie die Täuschung auf. Sie verstärkt die Macht der filmischen Illusion genau dann, wenn sie sie aufzuheben scheint.

Jeder Bildstillstand knüpft wieder an die Kette der Einzelbilder an, die den entscheidenden Teil der materiellen Grundlage des Kinos ausmacht. Die Maschine erzeugt zunächst Einzelbilder. Sodann verleitet mich die Maschine dazu, diese Einzelbilder, die per definitionem diskontinuierliche Fragmente von Materie, Raum und Zeit sind, in eine verschmolzene Einheit zu verwandeln – in ein geistiges Ding, das mehr oder weniger kohärent und glatt gemacht wurde. Die grundlegende Negierung, die der Zuschauer vornimmt – das Kino ist nicht das Leben, aber … – könnte anders auch so ausgedrückt werden: es sind nur Einzelbilder, aber ich sehe darin das Leben selbst …

Das unverbesserliche „Ich-weiß-wohl-aber-trotzdem" des Kinozuschauers beruht hier auf der verborgenen Triebfeder der filmischen Darstellung. Das zerlegte oder angehaltene Bild – das wird in den Szenen am Schneidetisch, mit den Gesten der Cutterin, den Werkzeugen, den Filmstreifen deutlich – es bezeichnet das Rätsel – dasjenige, das im Fluss des Lebenden die Spur des Todes einträgt.[6] Das ist die Bedeutung, die Vertov dem anamorphotischen Einbruch der Einzelbilder in den Lauf des Films gibt. Es ist eine Frage von Leben und Tod. Durch die Montagearbeit kehrt das Leben, das sich aus den Bildern zurückgezogen hatte, wieder in sie zurück. Aber

---

6 Lacan über *Die Gesandten* von Hans Holbein, in *Das Seminar Buch XI. Die vier Grundbegriffe der Psychoanalyse*, Weinheim: Quadriga, ³1987; orig. Paris: Seuil, 1973.

diese filmische Wiedergeburt (Leitmotiv von *Der Mann mit der Kamera*) erfolgt über eine (brutale) Enthüllung des Knochengerüstes des Films. Durch die Bewegung des Films wird die ruckartige Abfolge simuliert, die ihn hervorbringt und die im reibungslosen Ablauf der modernen Projektion nicht mehr sichtbar ist und die der Szenerie mit einem Schlag ihre Realität unter den Beinen wegzieht. Umgekehrte Magie.

Der Mensch und der Hampelmann. Da beginnt die Burleske. Mit dem verrenkten Körper, mit der Unterbrechung, den ruckartigen Bewegungen des Skeletts, dieses *Verbundenen*, dessen Phantasma wir hegen, indem wir hartnäckig meinen, es verkörpere das Lebende: das Kino entsteht aus diesem gleichen Phantasma, der Illusion des Verbindenden, der Leugnung des Fragments. Das maschinelle Zerbrechen des menschlichen Körpers, das von der Burleske vollzogen wird, steht in der Nähe dieser ersten figürlichen Maschinen wie der Marionette, dem Hampelmann, der Schaufensterpuppe, der Vogelscheuche. Charlie Chaplin und Buster Keaton spielten jeder in seiner Art mit dieser Mechanisierung des Körpers, die auch seine Mortifikation bedeutet. Aber Totò erhob die Perfektion der neapolitanischen Kunst der Verkörperung des Hampelmanns (Pulcinella) oder der Marionette (Jago in *Che cosa sono le nuvole,* Pasolini 1967) auf den Gipfel ihrer Wirkungsmöglichkeiten. Die Simulation des Holzkörpers des Hampelmanns durch den Schauspieler aus Fleisch und Blut, die Wiedergabe des Blockierens, Hinkens und Verschiebens, die obligater Bestandteil der den Menschen imitierenden Marionette sind, durch den menschlichen Körper, diese erneute Verschachtelung, Körper, der die Maschine imitiert, die den Körper imitiert, enthüllt in aller Brutalität den Zusammenstoß, der ohne Unterlass einen Menschen erschüttert, der beständig zwischen Ruhe und Schwung, zwischen Tod und Leben schwankt. Auf diese lange Tradition der in der Burleske aufgegriffenen theatralischen Darstellung antwortet Vertov mit der Demonstration einer Art *neuen Bündnisses*. Wenn der Mann-mit-der-Kamera, der aus dem Zusammentreffen des Körpers des Zuschauers mit der kinematographischen Maschine entsteht, auch ein hybrides Wesen ist, ein verliebtes Monster, so präsentiert sich die zur Änderung des Menschen angetretene Maschine diesmal auf Seiten des Lebens als Erfüllung. Die Filmmaschine hat Vertovs Credo zufolge ihren Anteil am Tod begraben, bewältigt und sublimiert, sie ist Trägerin eines erneuerten Lebens. Zur Änderung des Menschen wird die Maschine geändert. Politik des Auges.

Demontage im Dienste der Neuanordnung. Der Vertov und Flaherty gemeinsame, besessene Einsatz der Montage zerlegt die Welt in ein Bilderpuzzle, um eine neue, leidenschaftlichere Einheit zu erschaffen. Demontage im Dienste der Neuanordnung. Die „bereits vorhandene", „bereits gegebene" Welt, „so wie sie an sich ist", die Welt ohne Kino interessiert diese Filmemacher nicht. *Fabrik der Welt als Blick.* Exaltation, Meisterung, Utopie, Sehnsucht. Eine besessene Sorge um den Schnitt lässt die Gesten oder Bewegungen nicht bis an ihr Ende gehen. Schnitt, das heißt Lücke, das heißt, etwas von der Substanz der Aufnahme entflieht. Besessenheit auf der einen

Seite, Entfliehen auf der anderen. Diese wütende Besessenheit, die darauf verwandt wird, diese Materie oder diese Kraft der Aufnahme durch die Beschleunigung oder die Wiederholung in der Montage einzufangen, bliebe ohne Sinn, wenn sie nicht von dem noch stärkeren Wunsch geleitet wäre, das Risiko einzugehen, dieses Leben von der Bühne durch die Lücken der Aufnahmen entfliehen zu lassen. Wille zur Meisterung. Die Exaltation erfolgt über die Meisterung einer ungewissen oder bedrohten Präsenz. Die Welt ist nicht exaltiert: sie braucht das Kino, um es zu sein, sie benötigt eben das, was sie untergräbt, in Zweifel stellt und ihre Präsenz aussetzt (bis sie im Zwischenraum einer Aufführung ersetzt wird). Die Hyper-Montage Vertovs erzeugt die Welt als Ort der über das Kino erfolgenden Aufzeichnung des Wunsches. *Montage = Utopie einer nicht-indifferenten Welt.* Einer Welt, in der die Anziehungen verwirklicht, in der die Verschmelzungen vollzogen werden. Kino als Maschine des Begehrens. Das „Programm" von *Der Mann mit der Kamera* besteht nicht nur darin, *mit einer Welt ohne Kino Schluss zu machen, sondern mit einer Welt ohne Begehren.* Erotik des Kinos.[7]

Peleschjan. Wie Peleschjan selbst sagt und für sich in Anspruch nimmt, ist die Nähe seines Filmschaffens zu dem Vertovs nur allzu deutlich sichtbar. Wie Vertov setzt Peleschjan jedoch diese paradoxe Montage ein, die durch Sprünge und Wiederholungen den physischen Widerstand der Körper annulliert (*Die Jahreszeiten*); die in der gleichen Logik der Virtualisierung der Materien die Aufnahmen selbst des starren Teils ihrer Substanz zu entledigen scheint. Wie dieser spielt auch er mit Zeitlupe, Zeitraffer, ruckartigen Bewegungen und Schnitten in der Aufnahme, um eine Traumzeit an die Stelle der durchlebten Zeit zu setzen, eine elastische und reversible Dauer an die Stelle der materiellen Härte der realen Bewegungen (*Unser Jahrhundert*). Wie dieser schließlich hebt er die Schwere der Körper choreographisch auf. Montage wie ein Tanz um die (christlichen) Figuren des Eintauchens, des Falls, der Himmelfahrt. Erste, durch Beharrlichkeit leicht gewordene Bewegungen, durch Verschmelzung und Vertauschung unfassbar gewordene Körper (das Wasser, die Luft, das Licht, der Rauch, das Meer, der Staub, der Schnee ...), irreal gewordene Elemente. Montage als Wiederholung: der Schwung, die Schleife, die Rückkehr, die Brandung verklären die Anstrengung der Menschen, die Mühe der Körper, machen das Leiden zur Verzückung, die Grimasse zur Ekstase. Diese Gnade ereilt also auch die Maschinen, um die Mortifikation, die sie mit sich bringen, aufzuheben und von ihrer Schuld zu entlasten (umso mehr als es zuweilen Maschinen des Todes sind, Flugzeuge, Raketen ...).

Wie das von Vertov versteht sich das Filmschaffen Peleschjans also als Genese, als Erschaffung einer neuen Welt durch die Geste des Kinos. Aber der neue Mensch Vertovs, menschlich, allzu menschlich, ist nicht der Neugeborene Pelesch-

---

7   Es finden sich zahlreiche Zeichen dieser wechselseitigen Erotisierung des Auges und der Kamera, bis zum spermaartigen Schaum, der aus den Bierflaschen neben dem weiblichen Auge eines Kinoplakats (zu Beginn des Films) herausschießt.

jans[8], er ist sogar das Gegenteil, er ist ein Bewusstsein, das seine Grenzen entdeckt, anstatt das Über-sich-selbst-Hinauswachsen im Glanze einer göttlichen Schöpfung zu postulieren, er ist Subjekt und keineswegs Kreatur. Obwohl sie beide mit der Montage als Vergrößerung und überhöhender Verherrlichung des Lebenden spielen, verbindet Vertov die Erregung der Schaulust wie gesagt mit der Blendung, dem Verlust des Sehens, der Übersättigung des Blicks und damit seiner Kritik; es ist eine Erotik des bis zur Erschöpfung auf sich selbst zurückgeworfenen Blicks, eine verliebte Ermattung, verschobene Körper ringen mit gebieterischen Maschinen. Peleschjan verbindet den triebhaften Ruck mit der Blendung, mit der Trance, mit der Ekstase, aber er geht durch Überhäufung vor, er transportiert durch Akkumulierung, der Zuschauer ist ein Behältnis, ein Gefäß, in dem alles zusammenkommt, bis es mit einem Mal in die Immaterialität des *passage à l'acte* des Glaubens kippt. Schwanken auf beide Seiten. Vergeistigung des physischen Teils der Körper. Immaterialisierung der filmischen Materie. Um bei Vertov in eine Kette der Metamorphosen einzutreten, die die kritische Dimension, die Krise des Subjekts ins Herz des neuen Menschen legen. Um bei Peleschjan jede individuelle Figur in einer Verklärung zu überschreiten, die dem Menschen nur die Wahl des Göttlichen lässt.

Gefahren des Bündnisses. Obwohl er das Grundlagen schaffende Zusammentreffen der kinematographischen Maschine mit dem Zuschauer-Subjekt feiert, warnt uns *Der Mann mit der Kamera* bereits vor den Gefahren des Bündnisses. Indem der Film die Maschine auf die Seite der Leistung stellt und den Menschen auf die Seite der Unvollkommenheit, schlägt er wenn schon nicht eine Herrschaft so doch so etwas wie eine Führung, eine Verbesserung, ja sogar eine Erfüllung des Menschen durch die Maschine vor. In der Maschine käme demnach das Spiel eines klareren Denkens, einer größeren Genauigkeit der Berechnung zum Tragen, gleichsam eine Apotheose der Rationalität, die den menschlichen Körper (vom Auge angefangen) in seinen Fehlern und Ungeschicklichkeiten korrigiert, ihn seiner Schwere enthebt, die Spuren der durchlebten Prüfungen beseitigt, wie um ihm neuen Schwung zu verleihen, ihn durch eine Wiedergeburt zu retten. Wenn für Vertov die Maschine die Lust des Auges regelt, sind wir da noch so weit von den neuen Maschinen entfernt, die Sinnesreize und virtuelle Realität kombinieren?

Sich der Materialität der Dinge und der Körperlichkeit der Körper entledigen, die Welt in Besitz nehmen und sie genießen, ohne ihre Bürde zu tragen, ihr Schauspiel ungehindert in Szene setzen, über die Bilder als gelehrige Erscheinungen verfügen, die stets von den Dingen, die sie darstellen, gelöst sind, all das blieb lange Zeit den Göttern vorbehalten, ihrer exklusiven Macht, der die Menschen nur im Traum nahe

---

8   Eine im jüngsten Doppelfilm von Artavazd Peleschjan, *Konetz / Jim (Ende / Leben*, 1992–93) direkt gefilmte Geburt. Die Erschütterungen eines Zuges, die durch die Aufnahme mit langer Brennweite verstärkt werden, sind eine Metapher der Reise des Lebens als Schwankungen des Seins, die Stöße der Geburt verlängern und lösen die der Eisenbahn.

kommen durften. Seit seiner Geburt scheint sich das Kino dieses Traumes zu bemächtigen, um ihn Wirklichkeit werden zu lassen. Aber, in gewisser Weise enttäuschend, kann es das nur in der materiellsten und konkretesten Art tun, die es gibt, im Gegensatz zu jeder Magie, in einer Mechanik aus Rädern und Metall. Die Welt wird zwar zu einem Scheinbild auf einer Leinwand, aber dieses Scheinbild wird als ein Produkt erfahren, dessen materielle Produktionsbedingungen mir bei jeder Aufführung in Erinnerung gerufen werden. Die Materialität der Kinovorführung bleibt das Pfand, das der Zuschauer für seinen Glauben an das Scheinbild bezahlen muss.

Grenz-Körper. Darüber hinaus benötigt die Materialität der Maschine immer die Körperlichkeit der Körper. Der gefilmte Körper ist der Brückenkopf des Kinos. Sein Realitätsprinzip. Seit den ersten Filmen (ich denke an das vertovsche *Déjeuner de bébé* der Brüder Lumière) sind die Kamera und der gefilmte Körper durch eine komplexe Beziehung verknüpft, teilweise bewusst, teilweise nicht, teilweise denkbar, teilweise nicht. Wie verführt man eine Maschine? Diese Maschine? Wie wird man von ihr verführt? Grenzfragen des gefilmten Subjekts. Auf dem Filmstreifen wird nur die Wahrheit aufgezeichnet, die ganze drängende Wahrheit dieser Beziehung, jeder Körper mit seiner spezifischen Dosis an Verführung, Rückzug, Kunstgriff, Ehrlichkeit, Schein, Selbstinszenierung[9]; alle diese Züge durch den Filter der Maschine geschickt, in ihre Sprache rückübersetzt und von dort wieder rematerialisiert, konkretisiert. In Bezug auf eine kybernetische Norm bedeutet das: beschwert, verlangsamt.

Bei der Intensivierung des Spektakels, das nicht mehr Kino ist, sondern außerhalb seines Bereiches liegt, besteht die Versuchung darin, das Material und den Körper zu beschleunigen. Berechnet und virtualisiert verschwindet das Material, zumindest der Teil, der nicht nur die Summe seiner Merkmale ist: es wird genügen, dieses oder jenes Element seines Spektrums für die entsprechenden Sinne zu projizieren, um die Farbe, die Form, die Textur, den Geschmack, den Geruch davon wieder zu finden. Wegfall der Verbindungen und der Beziehungen zwischen den Merkmalen, Verlust dieses gesamten Vermittlungssystems, das eben das Nicht-Zusammenfassbare und das Nicht-Mitteilbare der Dinge und Wesen ausmacht. Diese gleiche Tendenz führt zum Verschwinden des Körpers als Einheit mit verschwimmenden Grenzen, labyrinthischem Netz von Verbindungen und Beziehungen, Palimpsest der Einschreibungen und wenig steuerbaren Reaktionen, bis er schließlich durch genau festgelegte Reihen spezialisierter Sensorplatten oder gesonderter Organe ersetzt wird. Was dem jedoch von Seiten des Kinos widersteht, das ist das *Bild des Körpers*, insofern es unwiderrufbar *mit der Globalität und Komplexität des Körpers verbunden* ist. Das kinematographische Bild des Körpers versammelt weiterhin die Wesenszüge (das Dicke, das Opake, das Geschichtete, das Umherirrende, das Unkontrollierte …), die zugleich den verkörperten und den ungedachten Teil des Körpers zusammen-

---

9   Das wunderbare Beispiel dieser subjektiven Verteilung der Beziehung Körper-Kamera ist in *Ceux de chez nous* (Sacha Guitry, 1914) zu sehen.

führen, Spuren des Lebens, Spuren der gelebten Erfahrung – es gibt einen wunderbaren Moment in *Der Mann mit der Kamera*, wo es für Vertov nur mehr darum geht, die Körper zu filmen, alle Körper, die einen im Blick der anderen (die Badenden, die Sportler). Jede Darstellung des Körpers verweist uns auf seine Präsenz, auf seine Einheit, auf seine Falten. Umso mehr das filmische Bild, das realistischste.

Wenn die kinematographische Bühne eine Maschine zum Einfangen der Wirklichkeit ist – Vertovs Überrumpelungen, alle Arten von Straucheln oder Unreinheiten – so weil sie eine Maschine und damit einen oder mehrere gefilmte Körper vergegenwärtigt und *gemeinsam in der Zeit weiter bestehen lässt* (eine Zeitdauer, die ich in meinem Körper als Zuschauer erfahre). Dieses Zusammentreffen ergibt eine *notwendigerweise aleatorische Mischung zweier teilweise ungedachter Einheiten*. Der Überlappungsbereich des maschinellen Ungedachten (auf Seiten der die Techniken tragenden Ideologie) und des körperlichen Ungedachten (auf Seiten des Unbewussten) stellt die Lücke dar, in der jedes Kalkül schwankt.

Vertovs Mensch benötigt die Kamera, um seine Meisterung der Welt zu bestätigen. Aber *eine Kamera, die (noch) das Menschliche im Menschen filmt*. Ist es nicht die menschliche Dimension der Beziehung Mensch-Maschine, die jetzt vielleicht wegfällt und verblasst in dem Schritt zur Seite, der uns heute vom Kino weggleiten lässt? Eine Störung taucht auf. Und eine Krise in den Identifikationsprozessen, die den Platz des Zuschauers bestimmen, die, so scheint mir, mit der Infragestellung dieser (sehr alten) Notwendigkeit, *den menschlichen Körper darzustellen* verbunden ist. Welchen Körper? Vereinfacht? Als Gliederpuppe? Plastifiziert? Überzähliger Körper? Das ist freilich eine Frage der Maschine. Die von der Kamera Vertovs angekündigte Vorherrschaft der Maschine (diesmal im jüngsten Sinn der digitalen Rechen- und Informationsübermittlungsmaschinen) scheint keine andere Grenze mehr zu kennen als den Teil des Körpers, der sich dem Virtuellen hartnäckig nicht unterwirft. Der Körper widersteht bekanntlich. Das Unbewusste zerreißt die Bespannung des grünen Tisches. Rückkehr des Motivs der *Überrumpelung*.

Bühnenausgang. In den Anlagen, die der kinematographischen Szenerie nachfolgen und sich damit von dem lossagen, was in ihr von den alten Darstellungssystemen seine Vollendung fand, in dieser neuen Vorgabe der Mediatisierung der Massen müssen der Mensch und die Kamera nicht mehr wirklich aufeinander treffen. Synthetische Bilderwelt, Stimulierung der Sinne, virtuelle Szenerie weisen den gemeinsamen Wesenszug auf, mit der echten Aufzeichnung Schluss zu machen. Die gemeinsame Präsenz einer Kamera und eines Körpers sind nicht mehr erforderlich, diese gesamte Bewegung, die den alten Traum fortsetzt, den Körper (das Leben) der Maschine zu übertragen, versucht, die Zwänge der *materiellen Bühne*, Starre, Langsamkeit, Schwere abzuschütteln. Die virtuelle Szenerie schreitet so immateriell rasch voran, sie verwirklicht den Traum so gut, sie annulliert so gut die Materie, die Ausdehnung und die Dauer, dass sie durch das Puzzle der physischen, sozialen und psychischen Widerstände nur behindert werden kann, wie durch alles, was zur Beziehung zwischen Körpern, Maschinen und Subjekten gehört, zu Beziehungen, die sich in zeitlicher Dauer und räumlicher Ausdehnung entfalten – durch alles, was also zum Bereich der Erfahrung gehört, dieser gelebten, bewährten, überlegten und übertragbaren Form der Beziehung.

Wenn die Geschichten der so genannten „interaktiven" Handlungsfolgen, Spiele und Spektakel so ziemlich aller Überraschungen entbehren, wenn die dem immer weniger zum Zuschauer und immer mehr zum Spieler, wenn nicht gar Kandidaten gewordenen Konsumenten angebotenen „Wahlmöglichkeiten" kontrolliert und quantifiziert werden (die Interaktivität sichert die Kontrolle des Zentrums über die Peripherie), muss man darin zweifellos die (ökonomische) Grenze der für diese Programme mobilisierten Berechnungsleistung sehen. Aber zunächst kann man die Wirkung eines ideologischen Drucks beobachten, der bestrebt ist, das komplexe Wirrwarr der Identifikationen und Projektionen des Kinozuschauers loszuwerden, die immer umkehrbar, aleatorisch, ambivalent, polymorph, instabil und der Entropie unterworfen sind,. Produktivitätszuwachs = Verlust auf Seiten des Subjekts. Der Film ist ein Weg, den der Zuschauer ohne Karte zurücklegt, ohne Kompass und ohne Kontrollskala. Die Informationen fehlen, sie werden immer fehlen, ihr Fehlen ist ihre Wirkung. Der Zuschauer steht nicht in einer Informationslogik (mehr wissen), sondern in einer Transformationslogik (anders wissen). Das ist der Grund, weshalb (idealerweise) jede Projektion eine gelebte Erfahrung ist. Keine Projektion ohne Erprobung eines Subjekts. Die Simulation ist nicht die Darstellung. Die Erfahrung des Kinozuschauers im Verlauf eines Films lässt sich weder zusammenfassen noch beschleunigen: sie ist nicht simuliert. Sie wird mit dem Preis einer Erprobung bezahlt, die nicht das „Gewonnen/Verloren" des Spiels ist. Sie kann als „Ergebnis" angezeigt werden. Sie ist keine Antwort oder ein Typus von Antworten auf eine Reihe von Reizen. Diese Frage der Erfahrung ist heute zentral. Die Erfahrung verstopft die Märkte. Sie verdirbt die Konsumenten (sie erzieht sie). Ihrem Wesen nach wiederholt sie bis zum Überdruss, sie zermürbt die Bewunderer einer ständigen Neuheit. Das unmerkliche (aber unerbittliche) Gesetz der Warengesellschaften des Spektakels reduziert die Rolle der Erfahrung (nicht dessen, was verkauft oder konsumiert wird, sondern dessen, was weitergegeben oder ausgetauscht wird) und gleichzeitig die subjektive Spanne jeder Beziehung.

Kinogenität der Erfahrung. Die Erfahrung, das ist das, was der (Dokumentar)Film an erster Stelle filmt. So wie sie in den Körpern, Blicken und Gesten eingeschrieben und versammelt ist. Schönheit des Dokumentarischen. In der Erfahrung derer, die man filmt. Was ist die Präsenz oder Fotogenität? Die absolute Verfügbarkeit der kinematographischen Maschine, um die Erfahrung der realen Körper aufzuzeichnen, um sie zur Kraft der gefilmten Körper zu machen; und gleichzeitig zum absoluten Widerstand der realen Körper, sich ihrer selbst durch eine Maschine berauben zu lassen. Es wird also keinen virtuellen oder synthetischen Dokumentarfilm geben.

Auf der einen Seite die Logik der Information und der Zirkulation des Spektakels und des Marktes (die Medien – aber mit ihnen im Kielwasser ihrer Interaktivität, die neuen audiovisuellen Gegenstände). Auf der anderen Seite die Logik der Transformation (die Künste, die Wissenschaften). Was sie einander entgegenstellt, ist der Wert, den sie der Zeit der Erfahrung, der Dauer der Erprobung und der Krisen, dem Widerstand der Gesinnungen und der Körper entziehen oder verleihen.

Die Geschichte des Kinos spielt sich nicht zufälligerweise zwischen zwei Krisen ab, der des Blicks (die von der Fotografie, der modernen Malerei und dem Kino selbst eröffnet wurde) so wie sie *Der Mann mit der Kamera* anzettelt und auflöst, und der heute vom neuen Medienzeitalter eröffneten, dieser (hier beschriebenen) Krise der Logik der Bühne und der Darstellung, die es demnach in Zukunft möglichst rasch über Bord zu werfen gelte. Als Agent der Spektakularisierung der Welt ist das Kino doch zu ihrem kritischen Gewissen geworden.[10] Da dringt es selbst mit der Maschine in das Phantasiebild ein, es warnte uns jedoch beständig vor allen Vorhaben der Zähmung des Phantasmas durch die Maschine.[11] Wie soll man auch dem Einfluss der generalisierten Gesellschaft des Spektakels entgehen – ohne das Kino, das alleine einige seiner Waffen gegen sich selbst zu richten vermag.

Der neue Mensch, der siebzig Jahre und einige historische Katastrophen später das in *Der Mann mit der Kamera* neu geschmiedete Bündnis erbt, ist immer noch der, der von der Mechanisierung seines Körpers träumt. Das Kino war dabei zweifellos nur eine Etappe, und seine Maschinen warteten zweifellos nur darauf, bis zum eigenen Verschwinden perfektioniert zu werden, um die zeitlose Zeit, den raumlosen Raum und den körperlosen Körper entstehen zu lassen. Aber der Augenblick des Kinos erwies sich als ein Augenblick des Bewusstseins, ein kritischer Augenblick: das Ins-Spiel-Bringen, das Erproben der Inszenierungen, durch die für einen noch ziemlich menschlichen Zuschauer die subjektiven und sozialen Kräfte, die Seelen und Mächte über die Körper und Blicke dargestellt werden konnten.

„L'avenir de l'homme? Autour de *L'Homme à la caméra*",
in: *Trafic* 15, 1995, S. 31–49.

Aus dem Französischen von Werner Rappl

10 In der vom Kino gesammelten Erfahrung findet man die Werkzeuge, die eine Demontage der Gesellschaft des Spektakels ermöglichen. Vielleicht fehlen einige dieser Werkzeuge denjenigen – Medienfachleuten – die Kino und Medien verwechseln und sich damit den Weg verstellen, den kinematographischen Vorgang als Erschaffung eines besonderen Zuschauertyps zu denken.
11 Das Thema kehrt seit den ersten *Mabuse*-Filmen immer wieder.

Diskussion

Drehli Robnik: Ich habe mich sehr gefreut, dass Ihr erster Zugang es war, Vertov mit dem Problem der Subjektivierung, der Menschwerdung zusammenzubringen. Ich glaube aber, dass das Lacansche Paradigma, das sie zunehmend bewegt haben, sehr viele Potentiale dieses Zugangs zunichte macht, weil man damit gezwungen ist, sie ständig auf eine Mangelerfahrung zurückzuführen, damit aber auch spezifische Dimensionen von Vertov oder zumindest von diesem Vertov-Film verkennt. Ich habe teilweise den Eindruck gehabt, Sie hätten mit denselben Begriffen heute über klassisches Hollywooderzählkino sprechen können. Es hat mich das, was Sie über den *Mann mit der Kamera* gesagt haben, an vieles erinnert, wie die psychoanalytische Filmtheorie oder auch Christian Metz in *Le signifiant imaginaire* über konventionelles fiktionales Kino schreibt. Es ist mir insofern sehr unspezifisch vorgekommen. Gerade Ihr Schlusswort jetzt, das sehr prägnant war, wirft für mich die Frage auf, ob es so sehr um das Menschliche am Menschen geht bei Vertov oder ob es nicht möglich ist, seine Wahrnehmungsweise oder seinen Umgang mit dem Kino im Sinne einer übermenschlichen Erfahrung zu deuten, im Sinne einer Erhebung eines Wahrnehmungsvermögens zu einem höheren Gebrauch, was mit dem Kino ja auch assoziiert wird. Ich werfe das einmal so hin, quasi einen nietzscheanischen Akzent, von dem ich glaube, dass der mit Vertov viel mehr zu tun hat.

Jean-Louis Comolli: Ja, Sie haben recht, es gibt in *Der Mann mit der Kamera* einen übermenschlichen Aspekt. Dieses neue hybride Wesen aus Mensch und Maschine ist in gewisser Weise mehr als der Mensch. Es ist eine Utopie. Das ist auch der Grund, warum der Kameramann Dinge tun kann, die das menschliche Auge nicht tun kann. Aber ich glaube, das ist nur ein Teil dessen, was Vertov uns zeigen möchte. Denn Vertov begnügt sich nicht damit, uns die ganze Macht des Kinos zu zeigen, er entfaltet diese Macht, aber er demontiert sie auch danach. Er demontiert sie, um sie dann wieder neu zu montieren. Während dieser Remontage findet ein kritischer Prozess statt, der damit verbunden ist. Ich glaube, dass es ein gewisses Misstrauen bei Vertov gibt gegenüber dieser Macht des Kinos. Vertov ist kein Spieler, der mit allen Karten spielt und sie einsetzt, sondern einer, der genau versteht, bestimmte Karten zu spielen. Der kreative Akt ist genau der, eine bestimmte Auswahl zu treffen, bestimmte Karten zurückzuhalten, bestimmte andere auszuspielen. In gewisser Weise ist der ganze Film eine Enttäuschung, eine Enttäuschung des Blicks. Diese Enttäuschung ermöglicht es uns, die kinematographische Form zu genießen. Das ist vielleicht der Grund, warum die Zuschauer am Ende des Films einen zufriedenen Eindruck machen, weil sie ihr Spielzeug zerbrochen sehen. Vielleicht ist man, wenn das Spielzeug zerbrochen ist, in Besitz der Macht über das Spiel.

Aus dem Publikum: Nicht jedes Zurückziehen einer Karte ist gleich Tod oder Konstruktion, ist gleich der Gegensatz der Präsenz von Bewegungen.

Comolli: Ich habe Schauspiel und Schrift einander gegenübergestellt. Im Spektakel wird alles aneinandergefügt, stets hinzugefügt. Man braucht immer mehr. So funktionieren die Hollywoodfilme. So werden sie zu hypertrophen, immens angefüllten Filmen. Immer mehr Gewalt, immer mehr Autos, die explodieren, immer mehr Tote, immer mehr von allem. Dem gegenüber steht ein Film von Bresson oder ein Film von Dreyer. Hier sieht man das Gegenteil, etwas, was durch Weglassen funktioniert. Die Macht des Kinos zeigt sich dann vollends, wenn etwas weggelassen wird, wenn man mit dem Off spielt. Das ist auch das Spezielle an Filmen Hitchcocks, dass er beide Dinge zugleich einsetzt, dass er einerseits diese volle Entfaltung der Illusionsmaschinerie einsetzt, andrerseits aber sehr genau dieses Entziehen und Weglassen dosiert, also auch das Frustrieren des Blicks praktiziert. Auch im Kino Fritz Langs findet man von Anfang diese Bestrafung, diese Frustration des Zuschauers. Bestraft wird die Schaulust, das Begehren des Zuschauers, der zu leichtfertig an das Bild gebunden ist. Ich habe einen Artikel über Fritz Lang geschrieben, der heißt „Der Hass auf den Zuschauer", ich glaube, dass die großen Regisseure ihren Zuschauern ein großes Misstrauen entgegenbringen.

Aus dem Publikum: Sie haben sehr klar dargestellt, wie Totalität erzeugt wird, dass sie nichts Imaginäres oder Fiktives ist, dass sie innerhalb des Systems der Repräsentation hergestellt wird. Im Fall von *Der Mann mit der Kamera* erwähnten Sie Repräsentationssysteme vor der Erfindung des Kinos, wie den Fotoapparat oder die Zentralperspektive der Renaissance. Mich würde interessieren, warum Sie diese neuen Repräsentationssysteme – wie etwa Virtual Reality – für weniger menschlich halten?

Comolli: Ich definiere das Kino als eine Kunst der menschlichen Beziehung; nicht nur die Beziehung zwischen den gefilmten Menschen, sondern die Beziehung zwischen denen, die gefilmt werden und der Kamera und auch die Beziehung zwischen den Zuschauern und der Leinwand. Das Bündel an Beziehungen, die das Kino als eine von anderen Künsten unterschiedliche Kunst konstituiert, beginnt also zwischen dieser ersten wahren Aufzeichnung zwischen einem Körper und der Kamera. Diese Beziehung nimmt Zeit in Anspruch, um gefilmt zu werden, aber auch um zu entstehen. In dieser Entwicklung, in der das Kino immer mehr marginalisiert wird, immer mehr verdrängt wird von den berechneten, synthetischen Bildern, sehe ich einen signifikanten Wesenszug unserer Marktgesellschaft, unserer Gesellschaft des Spektakels, die immer mehr versucht diese Zeit der Beziehung zwischen den Menschen auszuschalten, die im Dienst einer zunehmenden Beschleunigung steht und die die Materialität der Beziehung im Rahmen ihrer Funktionsweise nicht wirklich brauchen kann. Natürlich werden die Berechnungen dieser Bilder von Menschen gemacht, die Maschinen werden von Menschen bedient. Maschinen sind gleichzeitig perfekte Dinge und mit einem Mangel behaftet, und der Mensch akzeptierte diese Mängel an Perfektion, er benötigte sie sogar, um sie funktionieren zu lassen. Hier geht es nicht um Mängel des realistischen Abbilds, sondern um den Mangel der Qualität der Berechnung. Was fehlen wird, ist das, was ich das Reale nenne. Das Reale ist das, woran man nicht denkt, was man nicht berechnet, was man auch nicht kontrolliert. Wo wird also das Reale in den berechneten Bildern vorkommen – ich weiß es nicht. Das Reale ist das, was dem Kino Gewicht gibt. Der Realismus des Films ist durchdrungen von der Wiedergabe der Schwere des Realen. [*Lücke im Transkript durch Bandwechsel*]

Ein ganz wichtiger Bestandteil der Beziehung des Zuschauers zum Film ist das Wissen darum, dass der Unfall, der diese eine Szene bedroht, möglich ist. Wir wissen zum Beispiel vom Theater, dass ein Schauspieler jederzeit einen Gedächtnisausfall haben kann, dass er stolpern und hinfallen kann. Die grundlegende Perversion des Zuschauers kann hier ihren Ausdruck finden. Aber in dieser Perversion liegt auch die Idee, dass die Welt aus einer Reihe von Wundern besteht. Das Schöne im Leben und in der Kunst ist, dass eine Reihe von Dingen, die wir darin finden, da sind, obwohl sie niemand gewollt hat. Es wird auch in den berechneten Bildern immer noch einen Menschen geben, aber dieser Mensch ist viel weniger er selbst. Es gibt so etwas wie einen Überschuss an Bewusstheit darin.

Aus dem Publikum:
Beinhaltet dieser Wechsel zu den virtuellen Bildern, zu den berechneten Bildern nicht auch einen regionalen Unterschied, eine regionale Angst des Wahrnehmens, des Erkennens von Bildern, von Szenen aus der dritten Welt. Ist Vertov nicht jemand, der eher aus dem Osten als aus dem Westen kommt und eben diese bestimmte Form der Beziehung in diesem Film hier vorstellt und bringt dieser Wechsel zu berechneten, virtuellen Bildern nicht auch in gewisser Weise eine Angst zum Ausdruck, bestimmte Bilder, die eben nicht aus unserer hochzivilisierten Welt kommen, überhaupt sehen zu können. Wir stellen dem eine andere Bildwelt entgegen, um diese Bilder nicht sehen zu müssen.

Comolli: Was Sie sagen, ist überaus richtig. Es gibt nicht nur das Kino aus Hollywood oder das Kino von Vertov, sondern noch ein anderes Kino. Das ist nicht das, was ich hier thematisiert habe, aber ich unterstreiche natürlich, dass es wichtig ist, Filme auch aus anderen Ländern anzuschauen und wahrzunehmen. Im Laufe des 20. Jahrhunderts jedoch war das Kino lange in einer dominierenden, zentralen Position. Was also ein Spektakel, ein Schauspiel und eine Schrift war, war auch gleichzeitig das wichtigste Medium. Und das Kino hat beim Übergang zur Macht etwas sehr wichtiges bewahrt. Das was bewahrt wurde, war die Möglichkeit, eine politische Dimension zu haben, ich erinnere daran, dass die Politik, wie auch das Kino eine Sache der Beziehungen ist. Seit den fünfziger Jahren hat das Kino diese politische Funktion verloren, das Fernsehen hat dem Kino diese politische Dimension entzogen.

Durch diesen Verlust ist es in weiten Teilen aus dem Wechselspiel der Medien her-ausgefallen. Eine Auswirkung davon ist, dass es immer weniger politische Filme gibt. Diese Konfrontation mit der Gesellschaft auf einer Ebene, der Dialog mit einem gleichgestellten Partner, wie wir ihn von Orson Welles' *Citizen Kane* oder auch von Godards *Le Mépris* kennen, ist heute im Kino nicht mehr zu finden. Diese wichtigen Themen der Politik, diese sozialen Fragestellungen werden heute außerhalb des Be-reichs des Kinos abgehandelt. Die für die Warengesellschaft wichtigen politischen und sozialen Repräsentationen laufen nicht mehr über das Kino. Oder immer weni-ger über das Kino. Die Frage ist, kann das Kino einen kritischen Blick auf diese Rea-lität, die ihm eigentlich entgeht, bewahren? Kann es überhaupt einen kritischen Standpunkt zu politischen Entwicklungen thematisieren, die ihm von seiner Stellung als Medium entgehen, von seiner Bedeutung, die ihm heutzutage in der Gesellschaft noch zukommt, da diese Dinge eigentlich in anderen Medien abgehandelt werden. Das Kino kann nicht einfach zu einem Ort werden, wo man Filme macht. Das genügt nicht mehr. Es muss immer einen kritischen Blick auf die Welt werfen, das heißt in der heutigen Situation, auf das Funktionieren der anderen Medien in dieser Welt. Das muss die kritische Aufgabe des Films heute sein. So wie das Kino einen neuen Zuschauer hervorgebracht hat, muss es auch einen kritischen Blick auf die neuen Zuschauer werfen, die von den neuen Medien hervorgebracht wurden. Des-halb dient uns auch das Kino dazu, das zu denken und darzustellen, was eigentlich nicht mehr zum Kino gehört.

Vertovs Schreibtisch in Moskau, Bolschaja Poljanka 34, vermutlich frühe 60er Jahre

„From DV to TV"

Gesprächsrunde über Vertovs Politik der Bilder und ihre heutige Formation mit

ANNETTE MICHELSON, JEAN-LOUIS COMOLLI, OKSANA BULGAKOWA,
PETER KONLECHNER, ANNA-LENA WIBOM UND ANTONIA LANT

Klemens Gruber: Meine Damen und Herren, from DV to TV, von Dziga Vertov zum Fernsehen, diesen Titel hat Annette Michelson unserem Vertov-Fest hier in Wien gegeben, um die Aktualität seiner Arbeit ins Zentrum der Auseinandersetzung mit Vertov zu stellen. Auch wenn wir wissen, dass es schon in den 20er Jahren erste Debatten über einen künstlerischen Gebrauch des künftigen Fernsehens gab, und dass Vertov spezielle Kameraleute beschäftigte, die ihm aus allen Teilen der Sowjetunion Film-Nachrichten lieferten, stellt sich die Frage, welchen Einfluss die Verfahren Vertovs auf das Fernsehen hatten, oder besser, was passiert, wenn wir das heutige Fernsehen mit Vertovs Filmen konfrontieren.

Annette Michelson: Ich kann nur begrenzt Aussagen über das Fernsehen machen. Fernsehen kam erst sehr spät in mein Leben. Als ich den Titel „From DV to TV" lanciert habe, war das ein leerer Titel, es war sozusagen ein Titel, bei dem mir ein gewisser Klang gefiel, aber offen gesagt schwebte mir dabei keineswegs etwas mit präziser Bedeutung vor. Er war eher in der Art eines Verständnisses von Vertov gemeint, wie es Oksana Bulgakowa heute Nachmittag vorgebracht hat. Vieles seiner möglichen Bedeutung wurde gewissermaßen geräumt, für mich hatte der Titel eher einen poetischen Klang als eine definitive, konkrete Bedeutung.

Wie dem auch sei, ich bin in der Position von jemanden, der mit dem Fernsehen sehr spät begonnen hat – und wahrscheinlich viel später als die meisten hier im Publikum, die vielleicht nicht unbedingt mit dem Fernsehen aufgewachsen sind, aber doch parallel zu dessen Entwicklung. Ich habe mir mein allererstes Fernsehgerät erst vor zehn Jahren zugelegt – also ganz offensichtlich in einem fortgeschrittenen Alter. Ich habe das getan, weil ich nicht verstehen konnte, warum Ronald Reagan – der übrigens exakt jener Sorte von Menschen entspricht, die Theodor W. Adorno in einer sehr, sehr pessimistischen Vision in den 40er Jahren portraitiert hat – kurz davor stand wieder gewählt zu werden. Ich sagte mir, du verstehst das nicht, weil du die Vereinigten Staaten nicht wirklich verstehen kannst, wenn du nur die *New York Times*, liberale Wochenmagazine und die linksgerichtete Presse liest. Also hab ich mir einen Fernsehapparat gekauft. Ich habe nie herausgefunden, warum Reagan wieder gewählt wurde – und es ist mir immer noch ein Rätsel. Aber ich habe andere Dinge über das Land erfahren, in dem ich geboren wurde, und in das ich nach langer Zeit im Ausland wieder zurückgekehrt war.

Ich erzähle Ihnen das, um klarzumachen, dass meine Erfahrung mit dem Fernsehen begrenzt ist und dass Ihnen demzufolge meine Gedanken über das Fernsehen vielleicht etwas naiv erscheinen werden.

Als ich daran dachte, dem Titel „From DV to TV“ etwas Substanz zu geben, begann ich daran zu denken, was mich während meiner Arbeit an Vertov immer beeindruckte – übrigens nicht nur an Vertov, denn ich betrachte ihn nicht als isolierte Figur. Ich sehe ihn als jemanden, der in einer spezifischen historischen Konstellation steht, nämlich offensichtlich in jener unmittelbar nachrevolutionären Zeit der Sowjetunion, die aber in ganz Europa auch jene der Generation nach dem 1. Weltkrieg ist. Und aus diesem Grund sehe ich seine Arbeit als ein Element in einem ständigen Bemühen, das sich nach dem Ende des Ersten Weltkrieges in einer Intensivierung von theoretischen Impulsen heraus kristallisierte, die die wieder aufgenommene Filmproduktion in Europa begleiteten. Wir sprechen von einer Periode, in der die Filmproduktion ihre Aktivität zurückgewinnt und in der diese Aktivität in ganz Europa von einer intensiven Praxis der Theorie begleitet wird.

Sie erinnern sich vielleicht daran, dass ich in meinem Vortrag Jean Epstein zitiert habe als jemanden, der in ein Denken über Kino involviert ist, das dem von Vertov sehr verbunden, sehr ähnlich ist. Ich habe auch das Gefühl, dass diese Generation in eine Art allgemeine epistemologische Euphorie involviert war. Ich meine damit, dass sie Kino zuweilen als Wahrheitsmaschine sahen, und wenn nicht als Wahrheitsmaschine, so doch zumindest als ein Medium, das sie die phänomenologische Welt festhalten ließ, so wie es kein Medium zuvor vermochte. Gewissermaßen wie ein Eindringen in die Unterseite, die andere, die dunkle Seite der Realität. Und Epstein allein scheint, wie er sagt, gespürt zu haben, dass ein Gift in diesem Geschenk des neuen technologischen Instruments steckt.

Nun, wenn es darum geht unsere eigene Zeit zu charakterisieren, dann ist es eine, in der diese epistemologische Euphorie vorbei ist, dieses Gefühl von Begeisterung über die Aussicht auf ein erneuertes, ein frisches, ein radikalisiertes und insgesamt präziseres und konkreteres Erfassen der Natur, dessen, was wir mittlerweile spöttisch „Realität“ nennen. Unsere heutige Zeit ist eine, in der wir eine epistemologische Malaise erfahren.

Ich war extrem gespannt auf Jean-Louis Comollis Ausführung des Begriffs des digitalisierten Bildes als eines, das zuweilen zerstörerische Eingriffe in Teile des Menschen vornimmt, die das Kino im menschlichen Subjekt kristallisiert hat. Diese epistemologische Malaise, dieses Unbehagen, das – wie ich glaube – einen guten Teil unseres Denkens über die Entwicklung der Medien durchdringt, hat seine Basis in der außergewöhnlichen Macht der Programmierung und Manipulation, die zu allererst in der Fotografie möglich waren, im Standbild und dann auch in der Technologie des bewegten Bildes. Das Gefühl, dass kein Bild, das wir heute ansehen, notwendigerweise der ostentativen Aussage „das ist gewesen“ entspricht – wie es Barthes forderte – generiert diese Malaise. Ich meine damit, dass wir es jetzt mit Fotografien zu tun haben, die nicht bezeugen, nicht erklären, dass ihr Referent, ihr Objekt tatsächlich

existiert hat. Wir kennen die Möglichkeiten der Digitalisierung und der Manipulation, wir wissen, dass kein Negativ mehr nötig ist und dass wir ein fotografisches Bild
von etwas schaffen können, das niemals existiert hat. Im Zuge der Technologie des
bewegten Bildes ziehen wir natürlich den Stand des Fernsehens in Betracht, den Status des Bildes innerhalb des Fernsehens, und von hier aus werde ich mich, als relati-
ver Neuling in Sachen Fernsehen, vortasten.

Ich war sehr betroffen von einem Skandal, der sich vor einigen Jahren in meinem
Land ereignete, der aber auch nicht ganz von Ihrem Land zu trennen ist.

Ein ziemlich hochrangiger amerikanischer Diplomat namens Felix Bloch, der in der
amerikanischen Botschaft in Wien arbeitete, wurde unehrenhaft aus dem diplomatischen Dienst entlassen, weil er angeblich amerikanische Geheimnisse an die russische
Botschaft weitergegeben haben soll – wir hatten es ganz offensichtlich immer noch mit
den Folgen des kalten Krieges zu tun. Obwohl es, wie sie vielleicht wissen, schwierig ist,
Mitglieder des diplomatischen Corps oder des Geheimdienstes, die der Spionage ver-
dächtigt werden, durch Verhöre zu „brechen", wie sie zu sagen pflegen, hatten der amerikanische diplomatische Dienst, die CIA und das FBI nichtsdestotrotz das Gefühl, dass
ihre Beweise ausreichten, um Felix Bloch zu entlassen, und er wurde unehrenhaft entlassen, verlor seinen Anspruch auf Pension und so weiter – eine erbärmliche Existenz.

Nun, im Zuge dieses Prozesses strahlten die amerikanischen Medien, speziell das
amerikanische Fernsehen, eine Reihe von Sendungen aus, in denen dieser Fall der
amerikanischen Öffentlichkeit vorgestellt wurde. Diese enthielten auch Szenen, in
denen man tatsächlich sah, wie Felix Bloch seine Mappe den Russen übergibt. Dann
taten sich allerdings Widersprüche zwischen diesen Bildern und der Tatsache auf,
dass der diplomatische Dienst und die CIA nicht beweisen konnten, dass er das
wirklich getan hatte. Deshalb wurde Bloch ja auch ohne Gerichtsverfahren und ohne
Gefängnisstrafe entlassen. Die Tatsache, dass sie keinen Beweis hatten, stand also im
Widerspruch zu den Bildern vom Tathergang, die das Fernsehen zeigte. Wie konnte
das geschehen? Nun, es geschah, weil das amerikanische Fernsehen – und ich spreche hier von Nachrichtenprogrammen – einfach entschied, diese Ereignisse zu simu-
lieren: sie haben in die tatsächlichen Nachrichten, in das was Vertov „nicht-gespielte"
Reportage nannte, einfach eine gespielte Situation, das simulierte Ereignis eingefügt,
das Bloch bei der Übergabe der Geheimnisse zeigte. In anderen Worten haben sie das
Hypothetische in den Rahmen dessen gesetzt was bekannt war.

Was das für mich und die Öffentlichkeit im allgemeinen bedeutete, war, dass der
Vorfall eine Reihe sehr akuter und präziser Fragen der Ethik und Moral aufwarf, ver-
schiedenste Fragen politischer Natur, sowie Fragen über eine Ära, deren epistemologische Malaise, die die Entwicklung von digitalisierten Bildern begleitet, zu solchen
Zwecken verwendet wurde. Obwohl ich nicht viel an Theoretisierung des Fernsehens unserer Zeit anbieten kann oder einer vermeintlichen Beziehung Vertovs zu
einer solchen Theoretisierung, so würde ich doch behaupten, dass es an der Zeit ist,
die Opposition zwischen Gespieltem und Nicht-gespieltem, wie sie Vertov schon in
den 20er Jahren formuliert hat, neu zu überdenken.

Aus dem Publikum, Elisabeth Dusek: Herr Comolli, Sie haben davon gesprochen, dass der große Unterschied zwischen DV und TV darin besteht, dass Vertov uns zeigt, wie ein Film montiert wird, was uns das Fernsehen ja vorenthält. Jedoch scheint mir, dass auch das Fernsehen versucht, diesen Eindruck zu erwecken, wenn es etwa vor der Nachrichtensendung „Zeit im Bild" Einblicke in den Studioraum gewährt. Man erfährt dabei allerdings nichts über den Produktionsvorgang, in Wirklichkeit hat man nur technische Einrichtungen gesehen. Ist das nicht auch bei Vertov der Fall, der die Kamera, den Filmstreifen zeigt, aber uns die Essenz der Produktion vorenthält?

Jean Louis Comolli: Es gibt einen enormen Unterschied zwischen der Arbeit von Vertov und dem Fernsehen. Sie sagen, dass Vertov zeigt, wie ein Film gemacht wird, und auch das Fernsehen zeigen kann, wie es gemacht wird. Was Vertov zeigt, das Fernsehen hingegen nicht, ist aber, was mit dem Zuschauer passiert. Vertov erzeugt seine Zuschauer und zeigt das; das Fernsehen erzeugt ebenfalls seine Zuschauer, zeigt das aber nicht. Vertov zeigt, dass der Zuschauer vom Beginn des Films nicht der gleiche am Ende des Films ist. Für das Fernsehen ist es unmöglich, diesen Übergang zu zeigen, weil vom Fernsehzuschauer nicht angenommen wird, dass er sich vom Anfang der Sendung bis zum Ende der Sendung in irgendeiner Weise verändert. Der Fernsehzuschauer ist als Empfangsgefäß für Information konzipiert, während man dem Filmzuschauer die Möglichkeit gibt, sich im Verlauf der Vorführung zu verändern. Das ist der Grund, warum das Fernsehpublikum auch mittels Zuschauerquoten erfasst wird, und somit in quantitativen Dimensionen bestimmt wird. Die statistischen Erhebungen geben an, ob die Sendung Gefallen gefunden hat, wie viele Menschen zugeschaut haben, sie zeigen allerdings nicht, ob sich bei den Zuschauern etwas verändert hat. Man könnte sagen, dass das Fernsehen wie die Gesamtheit der Medien funktioniert: es ist das Medium par excellence. Das bedeutet, dass der Zuschauer für das Fernsehen vor allem ein Konsument und kein Produzent ist. Und ein Konsument ist eben jemand, der sich während der verschiedenen Stadien des Anbietens einer Ware nicht verändert. Hätte er den schlechten Einfall, sich zu verändern, so würde das den Markt ruinieren.

Dusek: Ich habe allerdings gerade in den letzten Monaten in Österreich eine Zunahme der Bedeutung des Zuschauers im Fernsehen entdeckt. In der Wahlkampfberichterstattung hatte man beispielsweise die Illusion, dass die Mehrheit der Zuschauer das Programm bestimmen könnte.

Comolli: Das ist natürlich eine Täuschung, weil die Mechanismen, die die Auswahl der Programme für den Zuschauer bestimmen, wesenhaft etwas sind, das der Bestimmung durch den Zuschauer enthoben ist.

Michelson: Es gibt eine Tradition im Fernsehen und anderen populären Medien, dass nämlich jene Personen, die in diese Medien involviert sind, ständig behaupten, die Menschen würden bekommen, was sie wollen. Das, was sie den Zuschauern bieten, ist die Antwort auf einen allgemeinen Wunsch. Diese Behauptung wird immer aufgestellt, und das Beispiel, das sie nannten, ist eine Variation dieses alten Themas von jenen, die für die Inhalte des Fernsehens verantwortlich sind. Das ist zumindest meine Erfahrung als Amerikanerin.

Aus dem Publikum, Otto Mörth: Was ich bei Vertov sehe, ist ein leerer Kinosaal, herunterklappende Stühle, hereinströmende Menschen, ein Kinoprojektor, der zu laufen beginnt – und all das ist ganz neu. Es ist so neu, dass niemand es kennt und es aufgrund seiner Neuheit Faszination ausübt. Heute, fast hundert Jahre danach, ist es Gewohnheit, ist es implementiert in unseren Alltag, es fällt nicht mehr auf. Das Fernsehen bringt – in Analogie zu Vertov – Inhalte und wir sehen nicht direkt die Wirkung des Fernsehens am Zuschauer, aber wir sehen sie im Alltag. Es läuft auf einer ähnlichen Ebene ab wie damals bei Vertov. Wenn also der Zuschauer bei Vertov verändert sein sollte, so ist das heute beim Fernsehen auf einer anderen Ebene zu sehen, dass es nämlich unseren Alltag verändert. Der Alltag steht als Indikator für das, was das Fernsehen über uns ausübt.

Comolli: Aber in unseren westlichen, liberalen Staaten ist das Fernsehen im Allgemeinen ein Medium der Überwachung der Zuschauer. Ein Überwachungs- und Kontrollsystem, das sich selbst regelt. Es gibt keinen Mabuse, der das irgendwie regelt: Der Mabuse sitzt in jedem von uns. Was das Fernsehen macht, ist bestimmte Beziehungsmodelle der Menschen untereinander vorzuschlagen, wie es auch der Film tat. Aber diese Beziehungsmodelle sind nicht sehr genau ausgearbeitet, nicht so hoch entwickelt wie in den großen Fiktionen des Kinos oder des großen Romans. Es kann ein sehr simples, einfaches Modell sein, zum Beispiel „Wie spreche ich mit dem, der mir gegenüber sitzt? Wie höre ich zu, wenn er spricht?". Das zeigt uns das Fernsehen. Es war Serge Daney, der anmerkte, dass in diesen Fernsehshows, die es ja überall gibt, eine Haltung der Verachtung gegenüber den Teilnehmern herrscht: Man ruft sie herein, man wirft sie hinaus, etc. Es ist dieses Verhaltensmuster, das der Gesamtheit der Bevölkerung weitergegeben wird. In diesem Sinne haben Sie recht: das Medium ist bestimmend auch für das Verhalten außerhalb des Fernsehens. Das Fernsehen hat uns gelehrt, jemandem eine Frage zu stellen, und seiner Antwort nicht mehr zuzuhören. Im Kino hat man dies zuvor nicht gesehen.

Mörth: Sie denken da speziell an Fernsehshows. Aber Fernsehen besteht ja nicht aus Fernsehshows allein, sondern es ist ein Gefäß für alles, was heute visuell darstellbar ist, vom Standbild bis hin zum Spielfilm. Das bedeutet ja gleichzeitig Freiheit. Jeder hat die Möglichkeit sich dann einzuklinken, wenn es seiner Meinung nach etwas ihm Entsprechendes zu sein scheint.

Comolli: Das Fernsehen ist tatsächlich viel zu komplex, um es auf einen Nenner zu bringen, da es eine Kreuzung verschiedenster Tendenzen ist – wie ein großes Warenhaus. Es gibt Fiktion, Drama, Theater und Kino – also verschiedene Abteilungen. Man kann kaufen, was man will. Es gibt wenige Dinge, die das Fernsehen ohne Vorläufer, aus sich heraus geschaffen hat. Aber eines der Dinge, die es geschaffen hat, ist die Talkshow und die Nachrichtensendung. Daran kann man ermessen, was es an Neuem geschaffen hat, da sieht man, wie es abläuft. Ich kritisiere nicht die Fiktion im Fernsehen, es gibt gute Dinge und schlechte, wie im Kino. Wenn ich diese Beziehungen aber im Fernsehen sehe und sie analysiere, sehe ich, was das Fernsehen mir vorschlägt, nämlich im Grunde den Anderen zu verachten.

Oksana Bulgakowa: Aber Sie arbeiten für das Fernsehen.

Comolli: Ja, selbstverständlich! Ich arbeite im Wesentlichen für das Fernsehen, aber wenn ich sage „Es ist ein Warenhaus" könnte ich auch sagen „Es ist ein Schlachtfeld"! Es gibt da ganz viele gegensätzliche Dinge, die gegeneinander kämpfen.

Bulgakowa: Und Sie glauben, das Sie in diesem Kampf gewinnen können?

Comolli: Man hat immer schon verloren, weil man es mit einem stärkeren Gegner zu tun hat. Aber wir haben die Kraft der Schwachen, die in der Geschichte sehr wichtig ist, weil sie viel verändert hat und die herrschenden Formen oft daran gehindert hat, absolut zu herrschen. Wenn ich jemanden filme, so filme ich ihn in einer anderen Art als es üblicherweise im Fernsehen gezeigt wird. So bringe ich etwas anderes in ein hegemoniales System ein.

Konlechner: Ich kann den Titel dieser Diskussion höchstens als Provokation begreifen. Aber für mich grenzt das an Blasphemie, hier zwei verschiedene Kunstformen – besser, zwei Medien, die aus komplett verschiedenem Material bestehen, zu vergleichen. Mir fehlt das Verständnis für einen solchen Vergleich. In jeder anderen Kunstform, sei es nun Malerei oder Skulptur spielt das Material eine entscheidende Rolle für den Inhalt. Stellen sie sich vor, Herr Hrdlicka hätte sein Denkmal vor der Albertina aus Plastilin gemacht – es hätte natürlich nicht die Bedeutung, die eine Skulptur aus Stein hat.

Michelson: Nur um klar zu sein: Ich vergleiche weder einen Menschen noch ein Werk mit einem ganzen Medium. Es war keineswegs meine Absicht, Vertov in den Dienst des Fernsehens zu stellen. Der Titel „From DV to TV" bringt keine Übereinstimmung oder Ähnlichkeit mit sich, auch keine Parallelen, außer im Klang und im Reim, aber er beinhaltet eine Zeitspanne, eine Passage, die vom einem zum anderen reicht. Deshalb habe ich diese vielleicht schwerfälligen Bemerkungen an den Beginn der Gesprächsrunde gestellt. Denn Vertov als Filmemacher und -theoretiker, als europäischer Intellektueller, der sich dem Filmemachen verschrieben hat, fasst Film als etwas auf, das uns einen neueren, stärkeren Zugriff auf die sichtbare und phänomenologische Welt ermöglichte. Er war Teil einer Generation von Intellektuellen, die sich größtenteils aus dem Kleinbürgertum, dem Bildungsbürgertum rekrutierten, in deren Interesse es lag, das Kino zu legitimieren, weil sie meinten, dass das Kino einen Adelstitel verdient. Diese Generation war, wie ich bereits sagte, durch eine gewisse Euphorie charakterisiert, eine bestimmte Art von Optimismus. Was auf dem Weg von DV zum TV passiert ist, war die Entwicklung eines gewissen Pessimismus, ein gewisser Verlust und ganz allgemein ein Gefühl von Malaise. Und diese Malaise wurde, wie ich denke, von der Technologie der digitalen Reproduktion erzeugt, nur dass es nicht mehr nur Reproduktion ist, sondern auch digitale Repräsentation, die sehr oft keine Referenz mehr hat oder ein Objekt, das es zu reproduzieren gilt.

Das war es was mir vorschwebte. Ganz offensichtlich ist der Unterschied zwischen diesen beiden Momenten enorm, und ich möchte klar stellen, dass mein Vorschlag nicht darauf abzielte, Ähnlichkeiten zu sehen.

Anna-Lena Wibom: An dieser Stelle würde ich Sie gerne an Vertovs kleines Gedicht erinnern, das sie heute Morgen gehört haben. Da heißt es: „Nicht Pathé und nicht Gaumont. Etwas Anderes". Was waren denn Pathé und Gaumont in der damaligen Sowjetunion? Ein wöchentliches Nachrichtenmagazin, welches von diesen beiden Firmen rund um den Globus, unter Verwendung des gleichen, internationalen Materials, gestaltet wurde. Sieht man sich diese Beiträge an, bemerkt man, dass sie fast ausschließlich von großen, internationalen Sensationen handeln, wie Schiffskatastrophen, Sturmfluten, Kriegen, Feuersbrünsten, Königskrönungen und Prinzessinnenhochzeiten. Dagegen hat Vertov protestiert. Er wollte dem Zuschauer etwas bieten, das für ihn von Nutzen ist. Natürlich bringt auch das Fernsehen heutzutage interessantes Material, aus dem man, wie Sie gesagt haben, durchaus wählen kann, sozusagen einkaufen kann. Aber ich denke, dass da ein signifikanter Unterschied zum Angebot Vertovs liegt. Vertov hat zum Beispiel seine Kameraleute sorgfältig ausgesucht und instruiert. Im Unterschied dazu besteht das Fernsehen zu einem Großteil aus anonymen, uniformen Bildern, die sich auch auf globaler Ebene kaum unterscheiden lassen. Wenn es eine größere Katastrophe gibt, können Sie dieselben Bilder auf 20 oder 30 Kanälen sehen. Vertovs Nachrichtenmagazine hingegen tragen einen Stempel, verkünden dem Zuschauer, dass er, Vertov, ihm jetzt ein bestimmtes Ereignis zeigt, weil er sich entschieden hat, gerade das in dieser Form zu zeigen. Vertov steht so persönlich für das Material und den Film ein. Diese Art von Kontrolle und Verantwortung bei Nachrichtensendungen ist sehr selten.

Bulgakowa: Als ich am Telefon den Titel dieser Diskussion erfuhr, erschrak ich, weil ich dachte, dass Annette Michelson uns zu globalen Fragen zwingen wird, einen Weg von Vertov zum Fernsehen aufzuzeigen. Das heißt, von der Moderne zur Postmoderne. Die Moderne hat ja in Russland ein ganz problematisches Schicksal – anders als die Postmoderne. Vertov war einer der ersten Vertreter dieser Moderne – mit all den Veränderungen von bestimmten Beziehungen, die sie, wie Monsieur Comolli uns ausgeführt hat, mit sich brachte. Die sowjetische Avantgarde begriff Film als einen absoluten Ausdruck der Moderne. Es ist interessant, dass im Vortrag von Co-molli nicht die Probleme der Moderne, sondern die der Postmoderne angeklungen waren (das Mediale als etwas Signifikanteres und Begehrenswerteres als das Reale, die „Gesellschaft des Spektakels" usw.), die er bei Vertov entdeckte. Möglich ist das nur, weil dank Vertovs Filmen die Fragen nach dem Realitätsgehalt eines Bildes bereits in den frühen Debatten der zwanziger Jahre gestellt wurden. Was in den Debatten nicht behandelt wurde, ist der spielerische Gestus der Vertov-Filme, einen Gestus, den uns das Fernsehen, trotz der hier diskutierten Aspekte der Überwachung, der Verdummung etc. noch lässt. Durch das Fernsehen sind wir zu Schauspielern dieser „Gesellschaft des Spektakels" geworden, und nicht nur zu Schauspielern, sondern auch zu Spielern. Mit Switchen, Ausschalten usw., ist uns eine Möglichkeit gegeben, die uns das Kino – auch Vertovs Kino – nicht gegeben hat. Doch gerade Vertov führte den spielerischen Umgang mit dem Material ein, der die erkenntnistheoretischen Aufgaben zu untergraben schien, auch damals. War er nun ein Magier oder ein Epistemologe? Annette Michelson hat diese Frage eindeutig in ihrer glänzenden Analyse beantwortet. Doch etwas vom Magier blieb in dem Epistemologen Vertov immer erhalten, ich meine nicht nur seine Trickfilme und Trickfilmtechniken, sondern seine Denkweise. Die sowjetischen Linken waren zu ernst, heute werden sie – allen voran Sergej Eisenstein – als Vorboten der totalitären Ästhetik angesehen. Ich will nur an einen ganz makaberen Satz von Sergej Tretjakov erinnern, den er während seiner Vernehmung durch die stalinistische Geheimpolizei sagte. Er war als japanischer Spion angeklagt worden, und als er gefragt wurde, warum er das getan hätte, antwortete er „wegen zu hoher Spielschulden". Ich verstehe diesen Satz durchaus metaphorisch – im Bezug auf die frühen zwanziger Jahre, die „Blütezeit" der Avantgarde, die von einem hohen aufklärerischen Anspruch gekennzeichnet war. Man wünschte sich für die neue Gesellschaft – der Gesellschaft der Moderne – andere Agenten, denen der Film beibringen würde, die Welt „richtig" zu sehen, zu deuten, umzugestalten. Das heutige Fernsehen will seinen Zuschauern auch beibringen, wie man sich bewegt, was man konsumiert und wie man sich artikuliert. In den ‚magischen' Abweichungen Vertovs, die den spielerischen Gestus in Bezug auf die Realität beibehalten, ist ein Spalt gelassen: in die Freiheit einer möglichen Welt, die den Gesetzen des Spiels folgt und den Agenten eine utopische Freiheit sichert.

Comolli: Es scheint mir, dass ein bestimmter Punkt im Schaffen Vertovs der Plan einer generalisierten „Spektakelarisierung" der Welt war. Der Kameramann ist überall, filmt alles, und man sieht das alles überall. Ein wenig wie das, was das Fernsehen heute macht. Natürlich wird es da anders gemacht als Vertov es machte, oder es wird sogar das Gegenteil von dem gemacht, was er daraus gemacht hätte. Aber in der

Utopie Vertovs gibt es diese Vorstellung einer allgemeinen „Spektakelarisierung". Deshalb ist der Titel von Annette Michelson doch nicht so ganz abwegig.

Konlechner: Warum aber ist Vertov besser als Pathé und Gaumont? Zwar nimmt auch Vertov Realität auf, aber er sucht, wie auch zum Beispiel Peter Kubelka in seiner *Afrikareise* signifikante, aussagekräftige Aufnahmen, die aus dem Feld des tatsächlichen Ereignisses stammen. Aber dann verwendet er dieses Material wie einen Baukasten – lachende Pioniere, Traktoren, Sportler, ein Volkslied – und montiert diese erlebte Realität zu einer neuen zusammen, die sein Statement ist, das zeigt, was er sagen will. Das ist eine Form der Gestaltung, die wir nicht bei Gaumont oder Pathé finden.

Comolli: Es ist schon richtig, was sie sagen, aber man muss verstehen, dass es bei Vertov diese unbewusste Vorstellung gibt, die reale Welt durch die filmische Welt zu ersetzen. Die gefilmte Welt nimmt für alle Zuseher den Platz der realen Welt ein. Warum? Weil die gefilmte Welt signifikanter ist als die gelebte Welt. Die im Film gezeigten Dinge sind mehr mit Begehren, mit Wünschen aufgeladen als die realen. Dadurch hat das Kino auch seinen Beitrag zur Durchsetzung einer „Gesellschaft des Spektakels" geleistet, dadurch, dass die gefilmten Dinge eben besser, schöner sind als die real erlebten. Wenn etwas gefilmt ist, enthält es eine Prise mehr an Begehren, weil der Zuschauer darin seine eigenen Wünsche, sein eigenes Begehren wieder findet. Die imaginäre Dimension der Welt wird sichtbar im Gefilmten, und verschwindet in der Realität des Tages. Das Problem heute ist, dass das Spektakel der realen Welt zunehmend den Platz wegnimmt, und dass diese inszenierte Welt des Spektakels genauso traurig, langweilig und gleichgültig geworden ist wie die nicht-filmische Welt vor Beginn des Kinos. Vertov hat also die Welt verzaubert, und heute sehen wir im inszenierten Spektakel des Fernsehens die entzauberte Welt.

Aus dem Englischen von Aki Beckmann,
aus dem Französischem von Werner Rappl

Bibliografie zu Dziga Vertov
als Chronologie

THOMAS TODE

Die folgende Bibliografie ist als Nachtrag angelegt zur Vertov-Bibliographie in: Dziga Vertov, Tagebücher / Arbeitshefte (= Close Up, Nr. 14), Konstanz: UVK 2000, hgg. von Thomas Tode und Alexandra Gramatke. Kyrillische Titel und Eigennamen werden in der Duden Transkription wiedergegeben.

A. Aroseff (Red.), Le cinema en USSR, illustrations et photomontages de V. Stépanova et A. Rodtchenko, Moskau: Voks 1936. Auch als englische Ausgabe, New York 1935.

A. M. R. (Angelo Maria Ripellino), „Vertov", in: Enciclopedia dello Spettacolo, Bd. 9, Rom: Le Maschere 1962, Spalten 1616–1619.

Hans Scheugl, Ernst Schmidt jr., Eine Subgeschichte des Films. Lexikon des Avantgarde-, Experimental- und Undergroundfilms, 2 Bd., Frankfurt a. M.: Suhrkamp 1974, S. 1088–1099.

Wolfgang Beilenhoff, Der sowjetische Revolutionsfilm als kultureller Text. Semiotische Grunddaten für eine Kulturtypologie der zwanziger Jahre in der Sowjetunion, Diss., Ruhr-Universität Bochum 1978.

Jürgen Ebert, „Das geschichtliche Interesse am Film. Zum Verhältnis von Filmgeschichte und Filmdokumentation, dargestellt am Beispiel von Hellmuth Costards Film ‚Der kleine Godard'", in: Filmkritik 264 (Dezember 1978), S. 620–639.

Jürgen Ebert, Hellmuth Costard, „Der Film hat sich auf die Seite des Tatsächlichen geschlagen. Zweiter Teil: Kinoglas und Timecode", in: Filmkritik 264 (Dezember 1978), S. 655–666.

Aage A. Hansen-Löve, Der russische Formalismus. Methodische Rekonstruktion seiner Entwicklung aus dem Prinzip der Verfremdung, Wien: Österreichische Akademie der Wissenschaften 1979, S. 338–358, 508 f.

Alexander N. Lawrentiew, „Die Faktur der Graphik und des Wortes", in: Von der Malerei zum Design. Russische konstruktivistische Kunst der Zwanziger Jahre, Köln: Gmurzynska 1981, S. 77 f.

Hubertus Gassner, Rodčenko Fotografien, München: Schirmer/Mosel 1982.

Benjamin H. Buchloh, „From Faktura to Factography", in: October 30, 1984, S. 82–119. Deutsch „Von der Faktur zur Faktografie", in: Durch 6/7, 1990, hgg. vom Grazer Kunstverein, S. 3–35.

A. Wartanow, „Dsiga Wertow. Zur Ästhetik des Dokumentarfilms", in: Kunst und Literatur 18 (Januar–Februar 1985, 33. Jg.), S. 107–122.

Gian Piero Brunetta, Antonio Costa (Hg.), La città che sale. Cinema, avanguardie, immaginario urbano, Treno: Manfrini 1990.

M. D. A. (Monica Dall'Asta), „Dnevnik Glumova. Il diario di Glumov (1923)", in: Brunetta, Costa 1990, S. 167–169

A. B. (Alberto Boschi), „Čelovek s kinoapparatom. L'uomo con la macchina da presa", in: Brunetta, Costa 1990, S. 256–259.

Annette Michelson „L'esperimento del dottor Clair", in: Brunetta, Costa 1990, S. 49–58. Übersetzung des Artikels aus: October 11 (Winter 1979).

Pietro Montani, „Il futurismo russo e l'avantguardia cinematographica sovietica: Un'estetica dell' ibridazione", in: P. M., Fuori campo. Studi sul cinema e l'estetica, Urbino: Quattroventi 1993, S. 81–102.

Pietro Montani, „Il ‚salto‘ di Vertov e la ‚parabola‘ di Gierson", in: P. M., Fuori campo. Studi sul cinema e l'estetica, Urbino: Quattroventi 1993, S. 113–135.

Alexander Schwarz, „‚Photogenität‘ als mediale Selbstreflexion. Avantgardistische Konzeptionen sowjetischer Filmtheorie der 20er Jahre", in: Eikon 7/8, 1993, S. 44–51.

Oksana Bulgakowa, „Die Gartenbank oder wie ein ikonischer Diskurs entsteht", in: Gabriele Gorzka (Hg.), Kultur im Stalinismus. Sowjetische Kultur und Kunst der 1930er bis 1950er Jahre, Bremen: Themmen 1994, S. 198–205.

Jean-Louis Comolli, „La ville filmée", in: Gérard Althabe, Jean-Louis Comolli (Hg.), Regards sur la ville, Paris: Centre Pompidou 1994, S. 17–58.

Mauricio Grande, „La scrittura allo speccio. Codici individuali e autoriflessività dello stile in Ejzenstejn e Vertov", in: La scena e lo schermo. Rassegna di studi sullo spettacolo, Nr. 3 Nuova serie (Dezember 1994, Jg. 6), S. 43–62.

Peter Liermann, „Die Mädchen beginnen ihre Frisur zu ordnen, die Jungen machen ein Fairbanks-Gesicht. Dziga Vertov und der Dokumentarfilm", in: Filmwärts 1 (1994), März 1994, Jg. 29, S. 20–26.

Lew Roschal, „Stichi kinopoeta" [Verse des Filmdichters], in: Kinowedtscheskie sapiski 21 (1994), S. 80–96. Zu Vertovs Gedichten.

A. Gran, M. Weisbein, W. Endrschejewski, „Musikalny konspekt k ‚Tscheloweku s kinoapparatom‘ (Publikazija L. M. Roschalja)" [Musikalisches Konspekt zu ‚Der Mann mit der Kamera‘ (editiert von Lew Roschal)], in: Kinowedtscheskie sapiski 21 (1994), S. 188–189. Zur Vertonung des „Mann mit der Kamera" anläßlich der Moskauer Premiere.

Lew Roschal, „Kommentari k musikalnomu konspektu" [Kommentar zum musikalischen Konspekt], in: Kinowedtscheskie sapiski 21 (1994), S. 190–198.

Jacques Aumont, „Avanguardia: di che cosa? A proposito di Entuziazm (Dziga Vertov, 1930)", in: Paolo Bertetto, Sergio Toffetti (Hg.), Cinema d' avanguardia in Europa (dalle origini al 1945), Milano: Il Castoro 1996, S. 221–237.

Sandra Lischi, „Dal cine-occhio al video-occhio: riflessioni sull'eredità di Vertov", in: S. L., Cine ma video, Pisa: Edizioni ETS 1996, S. 23–50.

Dziga Vertov, „Twortscheskaja kartotschka: 1917–1947 (Publikazija i kommentarii

A. S. Derjabina)" [Künstlerische Karte: 1917–1947 (editiert und kommentiert von A. S. Derjabin)], in: Kinowedtscheskie sapiski 30 (1996), S. 161–192. Eine von Vertov verfasste Werkübersicht.

„,Kogda snimat drug druga budete, ne snimaites bes kinoapparatow …': Pismo Dzigi Vertova kinooperatoram (Publikazija B. D. Pawlowa, kommentarii A. S. Derjabina)" [,Wenn ihr euch gegenseitig filmt, brecht nicht ohne Kamera auf … ': Brief Dziga Vertovs an die Kameramänner (editiert von B. D. Pawlow, kommentiert von A. S. Derjabin)], in: Kinowedtscheskie sapiski 30 (1996), S. 193–196.

„Kinematografii ne suschtschestwujet: Interwju Dzigi Vertova korrespondentu schurnala ,Ekran', Berlin 1925 (Publikazija N. I. Nussinowoi)" [Die Kinematographie existert nicht: Interview Dziga Vertovs mit einem Korrespondenten der Zeitschrift ,Ekran', Berlin 1925 (editiert von N. I. Nussinowa)], in: Kinowedtscheskie sapiski 30 (1996), S. 197–198.

„Natascha Drubek-Meyer, Kolybel Griffita i Vertova: O ,Kolybelnoi' Dzigi Vertova (1937)" [Die Wiege von Griffith und Vertov: Über ,Wiegenlied' von Dziga Vertov (1937)], in: Kinowedtscheskie sapiski 30 (1996), S. 198–212. Übersetzung aus: Frauen und Film (April 1994).

Alexander S. Derjabin, „Dziga Vertov: k stoletiju nesnakomza"[Dziga Vertov: Zum 100. Jahrestag des Unbekannten], in: RGAKFD – 70 let, Krasnogorsk 1996. Publikation des Filmarchivs in Krasnogorsk.

Lynne Kirby, Parallel Tracks. The Railroad and Silent Cinema, Durham: Duke University Press 1997.

Alexander S. Derjabin, „Vertov i Jerofejew – dve wetwi dokumenalistiki, in: ,Flahertyana' – 95 (Sb. Materialow perwowo meschdunarodnowo kinofestiwalja ,Flahertyana', Perm 1997)" [Vertov und Jerofejew – zwei Zweige des dokumentarischen Kinos, in: ,Flahertyana' – 95 (Materialien des ersten internationalen Filmfestivals ,Flahertyana', Perm 1997)], S. 65–71. Vergleich der beiden Dokumentaristen.

François Albera, „Oralité des intertitres: Vertov bonimenteur", in: Scrittura e immagine. La didascalia nel cinema muto, Udine: Forum 1998, S. 347–368.

Natalia Noussinova, „Parola e immagine in Giocattoli sovietici die Dziga Vertov", in: Scrittura e immagine. La didascalia nel cinema muto, Udine: Forum 1998, S. 369–376.

Maurizio Lazzarato, „Die Kriegsmaschine des ,Kino-Auges' und die Gruppe der Kinoki versus das Spektakel", in: Lab. Jahrbuch für Künste und Apparate, Köln 1998, S. 146–157.

Graham Roberts, Forward Soviet! History and non-fiction Film in the USSR, London/New York: Tauris 1999.

Malcolm Turvey, „Can the Camera See? Mimesis in Man with the Movie Camera", in: October 89 (Sommer 1999), S. 25–50.

Graham Roberts, The Man with the Movie Camera, London/New York: Tauris 2000.

Thomas Tode, „Trois Russes peuvent en cacher un autre: Dziga Vertov et le Congrès de La Sarraz, 1929", in: Archives 84 (April 2000, Perpignan). Auch in: Cahiers du CICI 1929–1999, no 6, (1999, Lausanne), Association pour la promotion de l'oeuvre d'Hélène de Mandrot et de la Maison des Artistes de La Sarraz.

Yuri Tsivian, „‚The Man with a Movie Camera', Reel One: A Selective Glossary" in: Film Studies 2 (Frühjahr 2000, Oxford), S. 51–76. Bild für Bild Kommentar zum „Mann mit der Kamera".

Aleksandr Derjabin, „Lénine, comme dans un rêve", in: L'Hebdo 6 (2000, Lausanne), Beilage: Le mois culturel 6 (2000), S. 17. Zur stummen Version von „Drei Lieder über Lenin".

Alexander S. Derjabin, „‚Plod sosrel i jewo nado snjat …': K istokam vertovskowo schedewra" [‚Die Frucht ist reif und muss geerntet werden …': Über die Ursprünge von Vertovs Meisterwerk], in: Kinowedtscheskie sapiski 49 (2000), S. 192–198.

„Is istorii roschdenija ‚Tscheloweka s kinoapparatom': Novye dokumenty (Publikzija i kommentarii A. S. Derjabina)" [Aus der Entstehungsgeschichte von ‚Der Mann mit der Kamera': Neue Dokumente (editiert und kommentiert von A. S. Derjabin)], in: Kinowedtscheskie sapiski 49 (2000), S. 199–205.

Siegfried Kracauer, „‚Tschelowek s kinoapparatom': Rezensija 1929 g." [‚Der Mann mit der Kamera': Rezension von 1929], in: Kinowedtscheskie sapiski 49 (2000), S. 205–207. Übersetzung aus: Frankfurter Zeitung 369 (19. 5. 1929).

„‚Protiwopoloschnost rewoljuzionnomu': Pismo Gansa Richtera Dzige Vertovu o Meschdunarodnom kongresse nesawissimowo kino v La Sarasse, 1929 g. (Publikazija, predisolwie i kommentarii Tomasa Tode)" [‚Das Gegenteil von revolutionär': Brief von Hans Richter an Dziga Vertov über den Internationalen Kongress des Unabhängigen Kinos in La Sarraz von 1929 (editiert, mit einem Vorwort versehen und kommentiert von Thomas Tode)], in: Kinowedtscheskie sapiski 49 (2000), S. 208–211. Übersetzung aus: Filmblatt 11 (Herbst 1999).

Lev Manovich, The Language of New Media, Cambridge/London: MIT Press 2001. „Der Mann mit der Kamera" und digitale Medienpraxis.

Alexander S. Derjabin, „‚Kolybelnaja' Dzigi Vertova: samysel – woploschtschenie – ekrannaja sudba" [‚Wiegenlied' von Dziga Vertov: Idee – Verwirklichung – Werdegang auf der Leinwand], in: Kinowedtscheskie sapiski 51 (2001), S. 30–65.

Alexander S. Derjabin, „Vertov i animazija: roman, kotorowo ne bylo" [Vertov und der Animationsfilm: eine Liebe, die nicht stattfand], in: Kinowedtscheskie sapiski 52 (2001), S. 132–144.

„N. N. Uschakow, Tri operatora (Predislowie i kommentarii A. S. Derjabina)" [N. N. Uschakow: Drei Kameramänner (mit einem Vorwort versehen und kommentiert von A. S. Derjabin)], in: Kinowedtscheskie sapiski 56 (2002), S. 157–161 und 180–183.

Hans Richter, „‚Tschelowek s kinoapparatom'" [‚Der Mann mit der Kamera'], in: Kinowedtscheskie sapiski 58 (2002), S. 199–200. Übersetzung aus: H. R., Köpfe und Hinterköpfe, Zürich: Die Arche 1967, S. 115–118.

Sophie Küppers, „Smotrite na mir ‚kino-glasom‘ Dzigi Vertova" [Schaut die Welt mit dem ‚Film-Auge‘ Dziga Vertovs], in: Kinowedtscheskie sapiski 58 (2002), S. 209–212. Übersetzung aus: Das Kunstblatt 5 (Mai 1929).

Ute Holl, „Die mit filmischen Mitteln gewonnene Wahrheit", in: U. H., Kino, Trance & Kybernetik, Berlin: Brinkmann & Bose 2002, S. 284–323. Wichtige Studie zum Einfluss von Bechterews Psychoneurologischem Institut auf Vertovs Filmpraxis.

Klemens Gruber, Die polyfrontale Avantgarde. Medien und Künste 1922–1940, Habil.: Universität Wien 2003.

„Semiramida Pumpljanskaja, ‚Ja metschtala rabotat na kinostudii‘ (Besedu wedjot Jewgeni Zymbal)" [Semiramida Pumpljanskaja, ‚Ich träumte davon, im Filmstudio zu arbeiten‘ (Gespräch mit Jewgeni Zymbal)], in: Kinowedtscheskie sapiski 62 (2003), S. 64–80. Erinnerungen einer Cutterin von Vertov.

Thomas Tode, „Töne stürmen gegen das Bild: Musikalische Strukturen im Werk von Dziga Vertov", in: Cinema 49 (2004, Marburg), S. 21–35. Von musikalischen Schnittrhythmen der Stummfilmzeit bis zum ersten Tonfilm „Enthusiasmus" und über dessen fehlende letzte Rolle.

Dziga Vertov, Is nasledija: T. 1: Dramaturgitscheskie opyty (Sost., predisl., komm., immenoi ukasatel A. S. Derjabin) [Dziga Vertov, Aus dem Nachlass, Band 1: Dramaturgische Versuche (zusammengestellt, mit Vorwort und Glossar versehen und kommentiert von A. S. Derjabin)], Moskau 2004. Der erste Band der lange erwarteten Neuausgabe der Schriften Dziga Vertovs.

Thomas Tode, „Visionen vom neuen Leben: Sowjetische Dokumentarfilme in der Weimarer Republik", in: Karl Eimermacher (Hg.), West-östliche Spiegelungen, Band 4 (= Russen und Deutsche in der Zwischenkriegszeit, Bd. 2), München: Wilhelm Fink Verlag 2004 (im Druck). Kompakte Darstellung zum „Mann mit der Kamera" im Kontext weitere Sowjetfilmimporte im Deutschland der Weimarer Republik.

Yuri Tsivian (Hg.), Lines of resistance: Dziga Vertov and the twenties, Pordenone/Sacile: Le Giornate del Cinema Muto 2004 (im Druck). Sammelband zeitgenössischer Artikel zu Vertovs Filmen bis 1929, kommentiert von Tsivian, mit Beiträgen von Alexander Derjabin, Oksana Sarkisova, Sarah Keller und Theresa Scandiffio.

Wolfgang Mende, Linke Musik und Linke Kunst in der Sowjetunion bis 1932. Ein Konzeptvergleich, Diss. TU Dresden 2005 (in Vorbereitung). Zur Musik von „Enthusiasmus", insbesondere der Komposition von Timofejew.

Neue Filme über Vertov

Dziga Vertov i ego bratia (Dziga Vertov and his Brothers, Russ 2001, 52', mit engl.
    Untertiteln) Regie: Jewgeni Zymbal (Evgenii Tsymbal), Buch: Vladimir Nepewny.
Wse Vertovy (All the Vertovs, (RUS 2001, 52', mit engl. Untertiteln), Regie: Wladi-
    mir Nepewny (Vladimir Nepevny).

Die Autoren

OKSANA BULGAKOWA
absolvierte das Moskauer Institut für Kinematographie, promovierte an der Humboldt-Universität, Berlin, Filmkuratorin der Ausstellung „Moskau – Berlin, Berlin – Moskau, 1990–1950", veröffentlichte *Die ungewöhnlichen Abenteuer des Dr. Mabuse im Lande der Bolschewiki*, Berlin 1995; *Sergej Eisenstein: drei Utopien. Architekturentwürfe zur Filmtheorie*, Berlin 1996; *FEKS- die Fabrik des exzentrischen Schauspielers, 1921–1929*, Berlin 1996; (Hrsg.), Kasimir Malewitsch, *Das weiße Rechteck. Schriften zum Film*, Berlin: PotemkinPress 1997; *Sergej Eisenstein. Eine Biographie*, Berlin: PotemkinPress 1998. Derzeit Professorin an der Stanford University.

JEAN-LOUIS COMOLLI
Filmtheoretiker, Dokumentar- und Spielfilmregisseur, von 1962 bis 1978 Redakteur der *Cahiers du cinéma*, von 1966 bis 1971 Chefredakteur; unterrichtet an der Filmhochschule FEMIS (Direktor der Abteilung Regie), an der Universität Paris VIII (ECAV) und in Barcelona an der autonomen Universität Pompeu Fabra; veröffentlichte 1972 (mit Philippe Carles) *Free Jazz et Black Power* (dt. 1974), *Regards sur la Ville*, Paris: Centre Pompidou 1994, *Arrêt sur histoire*, Paris 1997, Cinéma et politique: 1956–1970, Paris 2001; schreibt für *Trafic*, *Images documentaires*, *Jazz magazine*.

PETER KONLECHNER
Mitbegründer und von 1964 bis 2002 Co-Direktor des Österreichischen Filmmuseums, Mitherausgeber von *Sergej Michailowitsch Eisenstein*, Wien 1964, und von Dsiga Wertow, *Aus den Tagebüchern*, Wien 1967; unterrichtete an der Universität Wien.

ANTONIA LANT
Professorin am Department of Cinema Studies der New York University, unterrichtet am Institut für Theater-, Film- und Medienwissenschaft der Universität Wien. Sie veröffentlichte *Blackout: Reinventing Women for Wartime British Cinema*, Princeton 1991, und *The Red Velvet Seat: Women's Writings on the Cinema, the First Fifty Years*, London: Verso 2004. Zu ihren Forschungsfeldern zählen Ägyptomanie, Alois Riegl und frühes Kino.

ANNETTE MICHELSON
Professorin am Department of Cinema Studies der New York University, in den 50er und 60er Jahren Kunstkritikerin in Paris bei *Herald Tribune* u.a., langjährige Redakteurin von *Artforum*, Mitbegründerin und Herausgeberin von *October* (MIT Press), im Direktorium der Anthology Film Archives; Herausgeberin von *Kino-Eye: The Writings of Dziga Vertov*, Berkeley 1984; *Cinema, Censorship and the State: The Writings of Nagisa Oshima*, Cambridge/Mass. 1992; sie übersetzte Jean-Paul Sartre, Simone de Beauvoir und Georges Bataille; demnächst erscheint *On the Eve of the Future: Essays in Cinematic and Related Practices*.

ANNA-LENA WIBOM
Langjährige Leiterin des Svenska Filminstitutet Stockholm, betreute das umfangreiche Vertov-Archiv ebenda; Filmproduzentin u.a. von Tarkowskijs *Opfer*.

Maske und Kothurn 42. Jg., Heft 1
Dziga Vertov zum 100. Geburtstag, Bd. 1, Wien 1996

LITERATUR

BEILAGE DER SÜDDEUTSCHEN ZEITUNG NR. 73 · ZUR LEIPZIGER BUCHMESSE · MITTWOCH, 27. MÄRZ 1996

Kinoki

Hundert Jahre Kino, hundert Jahre Vertov: dazu ein kleiner Band zu diesem Pionier des ganz neuen Kinos: *Dziga Vertov zum 100. Geburtstag* (Maske und Kothurn. Sonderausgabe 2. Jänner 1996. Hrsg. Klemens Gruber. Böhlau Verlag, Wien Köln Weimar 1996. 132 Seiten, Abb.). Der ganze Vertov: vom Enthusiasmus des Kinoki-Manifestes 1922 bis zum depressiven Bekenntnis 1934 *Über meine Krank-heiten*: „Meine Krankengeschichte ist eine Geschichte der 'Schmerzen', der Demütigungen und nervlichen Er-schütterungen, hervorgerufen durch meine Ablehnung der Zumutung, die Arbeit auf dem Gebiet des poetischen Dokumentarfilms aufzugeben." Was das ist, der poetische Dokumentarfilm, davon handeln auch Kracauer und Kubelka, Benjamin und Peter Weiss – keine neuen Texte, aber auch heute noch/wieder lesenswert. Nun geht uns nur noch die Präsenz der Filme ab. göt

Vom Mann mit der Kamera

Dziga Vertov
Tagebücher / Arbeitshefte
Herausgegeben von Thomas Tode und Alexandra Gramatke
2000, 276 Seiten, broschiert
ISBN 3-89669-284-4

Dziga Vertovs »Tagebücher und Arbeitshefte« aus den Jahren 1924 bis 1953 verbinden
Filmtheorie und Autobiografie. Sie gewähren Einblick in die verdeckten Mechanismen
der Repression gegen einen Künstler im Stalinismus.
Diese Ausgabe enthält zahlreiche, in früheren Ausgaben von der Zensur unterdrückte
Passagen und 220 zum großen Teil zuvor unveröffentlichte Fotos. Den zeitgenössischen
Kontext erschließen Sach- und Personenkommentare zum Text sowie eine ausführliche
Bio- und Filmografie.

»Will man sich ein Urteil über Vertov bilden, ist dieses Buch unverzichtbar.«
Süddeutsche Zeitung

»Eine schöne und wertvolle, weil materialreiche Publikation.«
Filmblatt